挑戦と成長を諦めたくない人の

目標達成術

清水 久
株式会社
NEO SHAKE HANDS
代表取締役社長

×

須崎雄介
株式会社
KEY OF LIFE
代表取締役社長

合同フォレスト

はじめに

本書を手に取ってくださったということは、あなたは今、次のいずれかの状況で悩んでいらっしゃることでしょう。

「目標を持っているが、どうやって達成すればいいか分からない」

「目標を持っても途中で諦めてしまうことが多々ある」

「何か新しい目標を見つけて、人生をより華やかにしたい」

目標を持っている人は成長することができます。また、目標を達成したとき、成功体験とともに喜びを得て、さらなる目標へ向けての力や自信となってくれます。

目標を持ち達成することは素晴らしいことであり、人生に欠かせないものなのですが、現代は目標を持って日々を充実させながら生きている人が少なくなっている気がするのも事実。

「生きていくことに必死で、挑戦や成長する暇なんてないよ」

そんな言い訳をして、成長することを諦めてしまっている人を私はたくさん見てきました。

本当はやりたいこと、チャレンジしてみたい目標があるのに、言い訳して本当の自分にフタをしている人の、なんと多いことか。

私は20代前半に、アルバイトでアイスクリームを製造する工場で働いていたことがあります。

ベルトコンベアで運ばれてきたアイスに、モナカをかぶせることが私の役目。1日8時間、何千個というアイスに、ひたすらモナカをのせていくだけの作業が続きました。

「俺はアイスにモナカをかぶせるために生まれてきたのだろうか……」

そんなことをベルトコンベアの前で何度も思い浮かべていました。

あの頃の私のように、人生の目的もなくただただ毎日を過ごしていることに疲弊している人に、是が非でも変わってほしい。そんな思いから本書の執筆はスタートしました。

変えるべきなのはあなたの考え方です。

考え方を変えることができれば、単調な生活にスパイスを効かせることもできます。

どのような考え方かというと、目標達成のイメージを持つ、という発想です。

モナカをかぶせていた頃の私も、目標を達成した自分を明確にイメージしながら仕事に望んでいれば、もっと楽しくワクワクしていたことでしょう。


本書は、目標達成が誰でも自然とできるようになるための本です。


本書のエッセンスは次の1行です。

「習慣の中に目標を入れる」

言葉にするのはたやすいですが、実際にやっていくとなると困難なこの方法を、本書ではメンタルとロジックの観点からお伝えしていきます。

私たちはコーチング事業で仕事を共にし、起業や副業を志す方やすでに取り組んでいる方に、より事業を加速発展させるための方法をアドバイスし、ビジネス成功への道をサポートさせていただいています。

私たちがコーチング事業で使用しているカリキュラムの中で大事だと思ったのが、ビジネスノウハウそのものに加え、その前提として礎となる「自分を変えること」と「目標を持つこと」でした。

これはビジネスに取り組む方だけでなく、今を生きるすべての方に必要なことですので、本書ではコーチング内容から抽出したエッセンスをふんだんに詰め込みました。


いくつかはすでにあなたの知っていること、取り組んだことのある内容も含んでいるかもしれません。しかし私と須崎さんなりにお伝えしているアイデアも含んでいるので、復習やリマインドを兼ねてぜひ目を通してみてください。

また、本書はどこから読んでも問題ない構成になっています。目次を見て気になった項目からまず読んでいただいても結構です。そして役に立つアイデアをインプットしたなら、すぐ生活の中でアウトプットし、習慣の中へ取り入れてみてください。


第1章と第2章は私、清水の章で、思考法を主に扱っています。

第1章は「大切なことは、まず自分を変えることである」という観点のもと、変えることの大切さや概念、今すぐできる時間や価値観の変え方をお伝えします。

第2章は、すべての人に共通して持っていただきたい「温かい人になる」という目標について説明します。温かい人はたくさんの人に応援され、どんな困難な目標も達成できる人になれます。ここに書かれている内容は、あなたの未来を明るくするためのヒントとなることでしょう。

第3章と第4章は須崎さんの章で、実践法が主体です。

第3章は正しい目標の設定方法を伝授します。自分の過去を掘り返し、分析を行うことから、正しい目標づくりはスタートします。ぜひ実際に手を動かしつつ読み進めてみてください。

第4章では、目標の達成方法を理論的に説明します。「これをしていれば、自然と目標に到達できる」という魔法のようなアイデアです。すでに目標を持っていて、達成方法を今すぐ知りたい方は、ここから読んでいただくのもいいでしょう。

第5章は私、清水が担当しています。目標達成のまとめとして、より楽しく目標へ向かって突き進むための思考術に触れています。

ただ受動的に読むだけでなく、能動的に「いいな」と感じた部分はすぐ実際に活用してください。手を動かすべきところでは実際にペンを握り、紙に描きながらワーク形式で本書を読み進めていってください。そして、本を読むだけで終わらせるのではなく、生まれたイメージや新たな目標を書き留める。この行動が目標を実現する第一歩になります。「変わる」ということはそういうことなのです。

私たちは可能性に満ちた生き物です。この本を手に取ってくださったことで、あなたの目標実現の可能性が広がれば幸いです。

本書との出会いを通して、新しい自分を手に入れてください！

清水　久

目次

第2章 「温かい人」は目標達成上手

第3章 あなたに合った目標の立て方

第4章 正しい目標達成テクニック

第5章　目標達成が楽しくなる思考術

第1章

「目標達成できない人」＝「自分を変えようとしない人」

CONTENTS

1 うまくいかない人の共通点

◆「自分を変える」がスタートライン

本書は、読者であるあなたに、「目標を達成するスキルを身に付けてもらう」ことを目指しています。

結果から考えると、目標を達成するためには、まず**「正しい目標の立て方」**を身に付ける必要があります。さらには、目標達成に向けて常に気持ちを高いところに維持していくための、心身両面でのスキルアップも必要です。

つまり、目標を達成できる人になるには、**目標設定の前に、自分の行動や思考を見直し、変えていくことがポイント**になります。

まずは**「自分を変える」**という観点からスタートさせていきます。私がこれまで出会ってきた、「目標達成がうまくいかない人」の共通点から、問題点を解決するためにどのように自分の行動や思考を見直し、変えていく必要があるかを紹介していきます。

あなたの克服すべき課題が見いだされ、解決方法が明確になったときは、速やかに実行に移してみてください。そしてまた新しい難題や挑戦が見つかったとき、本書を開いてみてください。

◆悩みがあると空回り

私は人の悩みを聞き、その解決法を一緒に考えることを仕事としています。

ある時はメンタルのコーチ、ある時は経営コンサルタント、またある時はカウンセラー。さまざまな肩書きで活動しています。

これら肩書きの共通点は、クライアントにとっての最良な応援者、もしくはサポーターとしての役割です。

目の前に立ちはだかる壁をどのように乗り越えていくか、もしくは壊すのか、はたまたヒラリとよけてかわすのか、そういった**悩み打破の答えを一緒に探していき、くじけかけていた心を立て直すことが私の使命**であり、日々悩みを抱えている方と二人三脚で問題解決に取り組んでいます。

私の元へ相談に来られる方々は、何かしら夢や目的や目標を持っているにもかかわらず、なかなか達成できずにもがいています。

「営業でなかなか成果が出なくて」と打ち明ける営業マンの方や、「出世や給料アップが望めない」と将来を憂える方、「売り上げが年々落ちてきている」と頭を抱える自営業の方や経営者の方など、多くは仕事に関する悩みから打ち明けられます。

しかしカウンセリングを続けていくと、「そもそも仕事が楽しくない」「人間関係がうまくいっていない」「借金が気掛かりで仕事に集中できない」など、別次元の悩みが判明していきます。

悩みの種類としては、まずお金の悩みが多いです。続いて人間関係の悩みで、これは職場や家庭や恋愛など、どんな人でもどこかしらで悩みごとを抱えています。

さらに続くのは仕事の悩みです。今の仕事が自分に合っていない、仕事の内容に自信が持てない、といった不安を抱えている人もいます。

これら悩みを抱えている人は、自力で解決する方法が見つからず、途方に暮れています。加えて、1つ悩みを抱えていると、脳の容量を食われてしまい、何かに没頭したくても気掛かりで最大のパフォーマンスを発揮することができなくなります。生活のすべてが空回りしがちになってしまうのです。

仕事でノルマが達成できないのは、実はプライベートな問題が引き金となっていた。そんなケースも少なくありません。

目標を達成する意欲、気持ちの余裕を失ってしまうのも当たり前かもしれません。

目標がなかなか達成できない現状を打破したいのであれば、**今抱えている悩みの源をまず解消していくという思考に切り換えるべきです。**

自分以外のことが原因で悩みを抱えているという人も、自分のほうから変えていく思考をぜひ持ってほしいです。良くならない現状を悲観しているだけでは何も解決しませんから。


悩みの撃退方法については、本書でいくつもの側面から提案をしていきます。まずは気になるタイトルの項目から目を通していくのでもいいので、あなたの悩みをやっつける新しいアイデアを手に入れてください。

少しだけヒントを先出しすると、**一番早い悩み解消の方法は、仲間を増やすことです。**

あなたの悩みは、相談し協力してくれる最適な仲間がいないから解決しないのかもしれません。

自分から動きだし、こちらが先に周りを助け、価値を提供していきましょう。そうすれば悩みを一緒に解決してくれる人が出てくるはずです。

とにかく、人生の悩みが多い人ほど、新しい目標を立てて実行しようとしてもうまくいきません、そもそもチャレンジしていこうという気持ちが湧いてきません。

悩みの源を探り当て、悩みを解消することを第一の目標としましょう。

◆途中で投げ出す

自分なりに新しい目標を立てたはいいけれど、なかなかうまくいかず達成に至らない人もいます。

そしてそのほとんどのケースでは、うまくいかないことに嫌気が差して目標達成を諦めるか、目標を立てたこと自体を忘れてしまいます。

当然ですが、途中でやめてしまったら、目標達成などあり得ません。

逆に言えば、**続けてさえいければ、ゴールに向けて着実に前進しているので、いつか目標に届く日がきます。**

ただし、**正しい目標を立て、正しい方法で目標を目指して進まないと、いつまでも同じ**

道をぐるぐる巡って、ゴールへたどり着くことはできません。

自分で正しい目標を立てることや、目標達成への計画づくりを、私たちは学校教育の中できちんと学んだことがありません。トライ&エラーを繰り返していき、自己流で身に付けていくしかないのです。しかし多くの人がそれを自覚できていない上に身に付けるハードルがなかなか高いため、うまく目標を達成できないまま成長してしまいます。

ぜひ本書を通して、正しい目標づくりと達成方法を身に付けてください。

◆情熱がない

「やろう」と決めたのになかなか熱が入らない、モチベーションが上がらないという人もいるでしょう。

自分自身のスキル不足や考えの甘さを責める人がいますが、そんなにネガティブになる必要はありません。

目標に対して情熱のスイッチがオンにならないのは、これも目標の設定が良くないからかもしれませんし、目標に対する自身のとらえ方に問題があるのかもしれません。

目標を文字に起こして眺めてみて、「楽しそう」「ワクワクする」「やってみたい」と思えなかったら、自分とマッチしていない目標を持っていることになります。

もっと目標に対して熱を入れるにはどうすればいいのか。その前段階として、第2章にて「温かい人になること」を提唱しています。また第4章や第5章では、目標に対してモチベーションを上げていく方法を紹介しています。参考にしてください。

◆イメージが湧かない

目標達成できない人の共通点の最後に紹介したいのが、イメージできない人です。これが本書にとっての大きなテーマの1つであり、この後も何度も同じようなフレーズが登場します。

目標を達成した先にある自分や、自分を取り巻く環境がどうなっているか、イメージを膨らませること。これが目標達成のための最大の秘訣《ひけつ》です。

あなたが今目標を持っているとして、その目標を達成した先で、あなたがどんな人生を歩むことができるのか。じっくりイメージする時間を作ってみてください。これは決して無駄なことではありません。それどころか、目標達成のためには欠かせない思考過程なのです。

これができていない人は結構多く、そのために目標達成を果たすことができません。

私の場合、このイメージをすることが比較的得意で、子どもの頃からイメージを膨らます訓練を意識的にしてきたおかげで、目標を達成し続けてこられたと思っています。

小学校の卒業アルバムの「将来の夢」に、同級生たちが「パイロット」や「ケーキ屋さん」といった憧れの職業を書いていたのに対し、貧しい家庭で育った私は、「大大大大金持ち」と力強く書きました。

どんな仕事をしてお金を稼ぐかは、あまり重要ではなかったのです。とにかくお金をたくさん得て、そのお金でやりたいことをたくさんイメージしていました。その時のイメージが、今も行動のエネルギー源になっていると思っています。

世の中は超スピードで便利になり、自分から積極的に動かなくても、受け身でも情報が次々に入ってくるようになりました。

便利になることはとてもいいことなのですが、その半面で、イメージする力が根こそぎ奪われている気がしてなりません。

イメージはやる気の源ですから、やる気を奪われているも同然なのです。

ですからこれからの時代はとくに、意識してイメージすることが大切です。イメージを膨らますコツについては、第3章、第4章、第5章でも言及しています。自身のイメージ力強化に、ぜひお役立てください。

2 変わることは楽しいことだ！

◆「変わる」＝「面倒」になってしまう理由

変わることが「大変なこと」「億劫《おっくう》なこと」と感じている人も多くいます。

たとえば、唐突に生活環境を変えることに私たちは抵抗感を抱きがちです。「今月中に○○へ引っ越すように」と命じられたら、引っ越し先を見つけたり、荷物をまとめたり、新天地の情報収集をしたり、それらを普段の生活の傍らでしなければならず、大変な面倒を感じます。

たとえ引っ越し代その他もろもろの経費を誰かに負担してもらえるとしても、行動に伴うエネルギーの大きさを考えると、前向きにはなりづらいものです。

しかしこの引っ越し先がもし、自分がかねて住んでみたかった場所だったらどうでしょうか。心境が変わってきそうですよね。

ずっと住んでみたかった憧れの場所。引っ越したかったけれどなかなかその一歩が踏み出せなかった場所へ、周りの後押しを受けて行動に移せるのだとしたら。「この機会を逃す手はない」とウキウキ気分で前向きになれるのではないでしょうか。

突然の変化というものは受け入れがたいですが、以前からイメージを膨らませてきた変化であれば、たとえそこに多大なエネルギーがかかろうとも、喜んで受け入れることができるのです。

変わることはいや応なくエネルギーがかかります。面倒に感じてしまいがちなのも仕方がないかもしれません。

しかし「楽しい」「ワクワク」「ウキウキ」といった感情を抱けるかどうかで、エネルギー消耗に対する気持ちは大きく違ってきます。

◆変化はエネルギー

私はコーチングやセミナーなど講師をさせていただくとき、**「変わることはエネルギー」**

と、生徒さんたちにエネルギーの限りを尽くして伝えています。

変わるために私のところへ来てくださった方々に、持ち得るエネルギーをフル稼働させて本気で取り組んでほしいと思っているからです。大きな声で「変わることは？」と問い掛け、生徒さんたちが「エネルギー！」と元気よく返してくれることからすべてが始まるのです。

しかし、中には本気になることを恥ずかしいと感じているのか、エネルギー全開で返してくれない人がいます。

変わろうと決意した場面において、エネルギーの限りを尽くせるか否か。この差が実は、後々の目標達成の度合いに直結しているのです。

すなわち、**エネルギーをフル稼働させている方は目標を達成し、エネルギーがしぼんでいる方はなかなか目標へと近づくことができずもがいてしまいます。**

やはりこれも、エネルギー消耗に対して積極的にとらえているかどうかということなのでしょう。ワクワクやウキウキを持って臨まなければ、成るものも成らないのがこの世の道理なのです。

講師として目標達成に悩んでいる方をサポートするとき、まずはエネルギーを出してもらうことからスタートします。

エネルギーを出して本気になって取り組んでもらうには、イメージを蓄えてもらうことが一番です。**やり遂げた先に待っている楽しみやワクワクを想像する**ことを心掛けてもらいます。これについては本章以降でも何度も登場する話なので、ぜひ心に留めておいてください。

これは相手を説得して行動させるためのテクニックでもあります。

優れた営業マンは商品のスペックを淡々と伝えたりはしません。その商品を手に入れた先に待っている楽しいことを、エネルギーをぶつけるようにして熱意を持って相手へと伝えます。

膨大なエネルギーとともにイメージを受け取った相手は、行動することのエネルギー消耗よりも、手に入れたことへの楽しみに思いをはせて、ためらわずに動き出すことができるのです。

◆楽しく変わることのメリット

まずは変わることを受け入れましょう。

受け入れ態勢が整ったなら、後は楽しいことをイメージするだけです。

楽しいイメージだけでなく、怖いイメージやマイナスイメージを時に持つことがあるかもしれません。

しかしそれらは現実に起こっていることではないのです。それらのせいで踏み出せていないのなら、何も成し遂げられません。

楽しいことワクワクすることプラスなことだけをイメージして、変わっていくことに積極性を持たせてください。

私は30歳を過ぎてから短期大学に通い経営を学び、卒業とともに脱サラし独立しました。

正直に言うと、こんなタイミングで独立するのは無謀な挑戦だったかもしれません。

実際、内心は非常に不安でした。「もし稼げなかったらどうしよう」というネガティブな気持ちに苛まれ立ち止まりそうになることもありました。

それでも踏み出すことができたのは、独立してビジネスを展開していく先に待っている楽しいことで頭の中を満たしていたからです。

実際に私が描いているプランを実行していければ、きっとその楽しいイメージを実現することができるはずでした。そしてそれは現実となり、今も楽しく仕事に携わることができています。

かなりリスクの高い変化ではありましたが、実行しなければ思い描く楽しいイメージを現実化することはできません。

楽しいイメージを持っているのなら、絶対に今の生き方や環境を変えていくべきです。少しずつでも楽しいイメージへと近づいていきましょう。

変化を楽しみエネルギーを出し続けていると、自然と周りの人にもそれが伝わります。

「お、こいつ何か楽しいことやっているな」

「大変そうなのに、生き生きしているな」

と、支援してくれる人が集まってくるのです。これは楽しんで取り組むことの大きな恩恵でしょう。私も周りの助けがなかったら、今の自分に届くことなど到底できなかったはずです。

支援者のサポートなくして、目標の達成はあり得ません。**逆から言えば、周りに支えてくれる人がたくさんいれば、失敗するほうが困難といえるくらい、容易に目標を達成できるようになるということです。**

3 あなたが変わりたくなくても、世の中は確実に変わっていく

◆時代に乗り遅れた人の末路

行動や思考を見直し、変えていくことが大切である理由を、別の角度からご説明します。

当たり前のことですが、時代は変わっていきます。

２０００年代からインターネットが一般的に普及していきました。20年前の暮らしと今の暮らしを比べてみてください。まったく違っていることが分かるでしょう。

時代は常に移ろっていくものです。そしてインターネット全盛の今、その変化の加速度、情報の供給量は、日々倍増する傾向にあります。

総務省の発表によれば（平成30年版　情報通信白書）、２０１０年の日本国内のスマートフォン世帯保有率は10％に満たない程度でしたが、２０１５年には70％を優に超えてしまっているのです。

現在は80％をクリアしているかもしれません。

最初にスマートフォンと出会ったときの記憶を思い出してみてください。あなたはどん

な思いでスマートフォンの関連ニュースを見聞きし、店頭に並んだそれに触れたでしょうか。

「これからの時代のトレンドになる！」

「欲しいけど値段が高いかなあ」

「なんだか操作が難しそうだ」

「自分には使いこなせる自信がないかも」

「これまでの携帯電話でいいじゃないか」

私が初めてスマートフォンに触れたとき、いまいちピンとこず、いわゆるガラケーを使っていました。これさえあれば十分自分の生活は満たせていると思ったからです。

周りの同年代の中でも、最も遅くスマートフォンに乗り換えました。しかも自発的に欲しくて買ったのではなく、必要に迫られてのことだったのです。

使い始めて早々に、自分の過ちに気が付きました。

「こんな便利なものがあったなんて！　何でもっと早く買い替えなかったんだ」

と後悔の連続でした。

私が時代の変化に付いていけていなかったのです。

「スマートフォンを使ったビジネスが、これからの時代の最先端を行く」

そう直感した、時代の変化に敏感なビジネスパーソンたちが、世界経済の最前線を駆け抜ける一方で、時代の変化に付いていけず、旧来の方式にとらわれた者たちが、次々と退場しています。

◆目標を見失わないよう、日々刀を振る

これは事物に限った話ではなく、考え方においても同様のことがいえます。

ほんの少し前まで「男は仕事、女は家庭」という考え方が日本にはまん延していました。それが今ではどうでしょうか。男女の役割をきっぱり区切った考え方は否定的にとらえられています。働き方は多様性を増し、女性でも仕事がしやすい環境ができ、男性も率先して家庭のことをするのが当然となりました。

「当たり前」「当然」と受け止められていた観念ほど、あっさりと更新されているのです。

新しいものを受け入れ、刻一刻と変わっていく時代に対応できる準備が整っているかどうか。これが楽しく豊かな未来を生きる上で重要です。

絶対的なものは存在しません。次の時代に何がトレンドとなるか、断言できる人はいな

いでしょう。

しかし変化していくことは確実なのですから、来たるべき変化に備えて、常に柔軟な思考を持っておくべきです。

「変化せず、このままでいるほうが楽だ」とのんきに構えて日々を過ごしてしまったら、時代に取り残され、目標を見失い、幸せの少ない苦しい人生を歩むことになってしまうかもしれません。

現代の仕事の大部分が、将来ＡＩ（人工知能）に奪われてしまうともいわれています。「自分の仕事も将来なくなってしまうのでは」と不安に感じている方もいるかもしれません。

そんな時代の到来に向けて、備えを怠らないようにしたいものです。

突然ですが、私は武士の生き方が好きです。武士は、いつ戦の時代が訪れてもいいように、毎日ひたむきに刀を振って精進します。戦が5年後に来ても、半年後に来ても、明日来てもいいように、準備に余念がないのです。

現代はいきなり戦争が来て生き死にを問われる時代ではありませんが、ガラッと世界が様変わりする大革命がいつ来てもおかしくはありません。情報化社会で、使い捨て思考が強く、回転の早い時代ですから、いつその日が来てもいいように自分を磨く意識を忘れないでおきましょう。

やりがいを持って人生を歩んでいくためには、柔軟に思考を切り替え、正しい目標を定めることが必要なのです。

◆より柔軟思考へ

これからどんな時代がやってくるのかはまったく想像できませんが、新しい時代の扉を開けるのは、新しいことに興味を持って、行動や思考法を変えていった人に間違いありません。「これはすごい」と感じ、寝食を惜しんで没頭し、磨き抜かれた技術やアイデアが世界のトレンドを塗り替えるのです。

ですから、変わる時代に備えて私たちが具体的にやるべきことは、まずいろいろなことに興味を持って触れてみることです。

見聞きだけで何となく情報を処理して遮断してしまうのではなく、**「いいな」と何か少しでも感じる部分があったら、一度は体感してみることをお勧めします。**

片足だけでも乗っかっておくと、チャンスが広がっていくこともあるはずです。より柔軟な思考が身に付くので、いざ変革の時が来ても躊躇《ちゅうちょ》することなく対応できます。変化に対して柔軟な思考を持っていれば、目標を見失うことなく、どんな時代も生き抜いていけるはずです。

この話題については、次章の「温かい人」を目指すテーマにつながっていきます。

4 まずは時間の使い方を変えよう

◆時間はたくさんある

変わることができない、もしくは新しいことにチャレンジできない理由に「時間がないから」を挙げる人がいますが、この考え方はそもそも間違っています。

1日の活動を改めて顧みると、無為に過ごしてしまっている時間はあるものです。

食事後の一服時間や、電車やタクシーの移動時間、訪問先での待ち時間など、いわゆる隙間時間は、生活の中にたくさん潜んでいます。

この時間をボーッとしたりネットサーフィンしたりして、非生産的に過ごすのはもったいない話です。**1日30分でもいいので、隙間時間をかき集めて、自分を変えるための時間を確保し、行動していくことで、目標へと着実に近づくことができます。**

というわけで、変わることの第1段階として、誰にでも共通するであろう時間に対する意識の変え方についてお話しします。

◆空いている感覚を生かす

たとえば通勤通学などでの移動中に、何も考えずひたすら目的地に向かうのは、もったいない時間の使い方です。

音楽を聴いてリラックスを得ている人もいますが、もう1段階発展させて、自分を変えるための時間に充てましょう。

私の場合、好きな心理学や脳科学の本を**オーディオブック**で聴いています。

本の内容を朗読してくれるので、本に目を向けたりページをめくったりする手間はありません。耳だけ使えばいいのです。

「ながら読書」はいろいろな場面で行えます。食事中や、ジムで体を動かしている間、満員電車の中でも無理ではないですし、防水対策さえすればお風呂に入りながらでも可能です。

日々の習慣の中で、**耳さえ「手ぶら」ならできるので、お勧めの時短自己投資術です。**

このように、何かをしているついでに、空いている感覚を利用して別の有意義なことをする、ハイブリッドな活動が次世代式な時間の使い方といえます。

何かに没頭しながら考えにふけるというのも時短術として有効です。思考を要求されない単純作業中に、頭の中を空っぽにしておくのはもったいないこと。目の前の作業をより効率化できる方法を考えてもいいですし、他のことに関してのアイデアを練っていく時間に充ててもいいでしょう。

私はよく気分転換に1人カラオケをするのですが、歌いながら脳内でその日のスケジュールを組んだり、新しいアイデア探しの旅に出ていたりします。気分転換するついでに、建設的な取り組みをしているのです。

他にもいろいろな並行型の時間利用法があるはずです。あなたの生活の中でも、そのような時間の使い方ができないか、見直してみるといいでしょう。**常に「今空いている感覚を利用して、何かできないだろうか」と考える癖を付けることです。**

◆時間が取られることは人に任せる

時間がないと悩んでいるのであれば、時間に対する考え方をまず変える必要があります。**ハイブリッド作業**（**同時進行での作業**）**で時間を2倍効率で過ごしたり、苦手で時間を取られてしまう作業は得意な人に託したりして「時間を買う」という考え方**です。生活の中で取り入れられそうな場面がないか、まずは探してみてください。

知り合いに、4人のお子さんを育てながらビジネスを行っている女性がいらっしゃるのですが、この方はなんと月数百万円もの売り上げをたたき出しています。

4人の子どもたちの面倒を見ながら、家事もこなして、どうやってそれほどの成果を出せるのか。その秘訣を尋ねたことがあるのですが、答えは至ってシンプルで、なおかつ画期的なものでした。

母親である彼女は長女に家事を任せていたのです。もちろん母親にしかできない難しい家事は彼女自身が行います。洗濯物の片付けや掃除機がけなど、子どもにもできる簡単な家事を一番上の子に託し、その労働に見合ったお駄賃を長女に渡していました。

ここまではよくある子どものお手伝いです。面白いのはここからです。

次の段階として彼女は、さらに長女へ任せる家事を増やしていきました。さらなる「報酬」の上乗せを約束して。

長女ができることにも時間的な限界があります。そこで長女は、さらに下のきょうだいたちへ、彼らにできる家事を分配し託すのです。そして母親から与えられた報酬の一部を、家事の分量に応じてきょうだいへ与えるという流れを構築しました。

1つの家族の中で、分業で事を成し遂げる会社のような構造が出来上がったのです。

母親は家事の負担が減った分さらにビジネスへ没頭でき、売り上げを伸ばすことができました。子どもたちは家事を担当し時間を使う分、お駄賃がよりもらえることとなりました。

母親は時間を買い、子どもたちは時間を売った。そういう見方もできます。

これは企業の構造そのものといえます。企業が社員たちの時間を買って指令を出していて、社員は企業に時間を売って日々業務に励んでいるのです。

これは労働に対する当たり前の考え方なのですが、実際にこの理念が正しく機能しているかというと、決してそうとはいえません。

限られた時間の中で効率的にやりくりしていくべきなのに、**まるで社員の時間が無限に存在するかのように、いくつもの業務を負わせているところもあります。**世に言うブラック企業の特徴の1つです。

過重労働だけでなく、社員の適性を考えずに役割を与えているところも悪ですね。得意なことは短い時間でできるでしょうが、苦手なことは大きなタイムロスを作り、会社にとっても損失となります。苦痛なことをやらせ続けるのは精神的にも決して良くはありません。

仕事マネジメントの話になりましたが、大切なことは前述した4人の子育て中の女性のような思考を持つことです。

上の立場であれば、部下それぞれの得意なこと苦手なことを把握し、的確に仕事を振り分けることが大きな時短につながります。

指令が下される側も「この仕事は自分では不得意でかえって時間がかかってしまうから、得意としているAさんに任せたい」という提案が必要です。なかなかそういう提案の機会が与えられないのが日本の風潮ではありますが。

また自営業の方では、何でも自分1人でやり遂げようと考える人がいます。「自分でやったほうがお金がかからないから節約につながる」という考えに偏重してしまっているのです。

得意で楽しくやれることであればいいのですが、当然苦手な作業もあります。苦手な作業までやってしまうと結局余計に時間がかかり、全体の作業を圧迫してしまいがちです。

本業以外のことは、できるだけ他の人に任せたほうが、売り上げアップにつながることは間違いありません。

日本人はとくに「何でも自分でやる」という発想にとらわれがちですが、ＩＴ化著しい現代ではあまり効率のよいことではありません。

まさにタイムイズマネー。苦手なことは人に託し、時間をお金で買って、自分の得意なこと好きなことに集中できる時間を作っていく発想を持ちましょう。

人に託す場合には、コストが発生することもありますが、そのほうがトータルではプラスになるはずです。たとえば掃除が苦手で苦痛ならば、ロボット掃除機を導入しましょう。掃除をしなくて済む分、なすべき目標達成の時間を生み出すことができます。他に任せることで、苦痛が減る分、精神的な楽さを手に入れることができる点が大きなプラスです。

この時間の創出が将来の飛躍へつながります。たとえば、ロボット掃除機の購入コストは初期投資としては安いものでしょう。

5 余計なものをブロッキング

◆泥棒を撃退しよう

新しい目標に挑戦するときや、自分を変えていくことを決意したとき、周りの理解が得られるかどうかを懸念する人がいます。「そんなことやめたほうがいいよ」と、良かれと思ってあなたの挑戦を阻もうとする人たちがいるのも事実です。

彼らは**「夢泥棒」**とか**「ドリームキラー」**と呼ばれていて、厄介な存在です。**安定志向から発するもので、悪意なくあなたの夢を奪っていきます。**

止めようとする周りの人も夢泥棒、「理解してもらえるだろうか」というあなた自身のネガティブな思考も夢泥棒、ダラダラと無為にテレビ観賞やスマホいじりをしているなら、これらも時間泥棒であり夢泥棒です。

これら雑音を寄せ付けない心意気は常に持ち続けたいものです。

私自身、結構だらける癖があり、つい楽なほう、安定しているほうへと考えが向かいがちです。しかしそれでは変わることができませんし、新しい目標に向かっていく姿勢を保つことはできません。

夢泥棒は至るところに潜んでいますが、撃退することも簡単です。**「自分は変わるんだ」「目標を達成するんだ」**という信念さえ強く持っていれば、どんな夢泥棒も寄せ付けません。

私も、つい気が緩んでしまいそうなときは、常に自分の目標を思い出します。気持ちを高めて、さらに目標へ突き進んでいく姿勢を強めていきます。泥棒退治のためにも、**気持ちを高ぶらせてくれる目標はいつもそばに置いておきたいものです。**

◆後悔しない選択をしよう

あなたの熱意や行動意欲をせき止めてしまっているものを徹底的に取り外していきましょう。

私の願いはただ1つ。**変わりたいのであれば、小さいことからでいいので、動き出して**

ほしいのです。すべてをやらなくてもいいのです。気になったものから順々に生活の中で取り入れてください。

死を目前に控えた患者が漏らす「後悔の第1位」は次のような後悔です。

「誰かの期待に応えるためではなく、もっと自分らしく生きていればよかった」

誰かの期待、「こうしたほうがいいよ」「これはしないほうがいいよ」といったアドバイスは、時に余計なノイズにもなり得ます。誰かの期待や助言に従い続けた人生を送った人は、自分の思うようにチャレンジしなかった人生を悔やむのです。

その期待や助言にあなたも同調でき、ワクワクと前向きな気持ちで前進できるのであれば、あなたはよりあなたらしい人生を歩めていることになります。しかし、その期待や助言に対して心のどこかで引っ掛かりを感じ、違和感を抱いたのであれば、その人生はあなたにふさわしくない間違った人生だということになります。

違和感を抱きながら生きているのであれば、余計なノイズから身を守り、自分らしい人生を歩めるよう軌道修正する思考に変えていきましょう。死の間際で後悔の波にのまれないためにも。

6 「習慣化」で価値観を変える

価値観とは「当たり前」と思っているもの

本章の締めくくりに最も大事な**「変えるべきこと」**を書いておきましょう。それは価値観です。

価値観とは、実のところ生活に密着したありふれたものです。私たちは皆、それぞれの持つ価値観に従って、その日の過ごし方、そして人生の歩み方を決めています。

それではあなたは、価値観というものをシンプルな言葉で説明できるでしょうか。さらに具体例として、あなた自身が持っている**「これだけは譲れない」**という価値観を1つ挙げることができるでしょうか。

そう尋ねられると、ポンとすぐには出てこないですよね。生活密着型でありながら、その正体をなかなか突き止められないのが価値観です。

まず、価値観を私なりの言葉で分かりやすく表現すると**「自分が当たり前だと思っていること」**です。当たり前であるという前提で毎日を過ごしているから、とっさに説明したり具体例を挙げたりすることができないのも仕方のないことです。

よく価値観の食い違いが理由で別れる夫婦や、解散する音楽バンドやお笑いコンビがいます。価値観の食い違いといわれても、ぼんやりしていて何とも腑《ふ》に落ちないですよね。そもそも価値観が食い違っている間柄ならば、結婚したりコンビを組んだりしなければよかったのではないかという気もします。

しかし**価値観はお互いが当たり前だと思っているため、長く行動を共にしていないと見えてこないものです**。ですから、時間差をつけてから、人と人の間に亀裂を生じさせてしまいます。

たとえばお金の価値観です。1回のランチにかける妥当な金額はいくらでしょうか。答えは人によってさまざまでしょう。住んでいる場所やしている仕事、育ってきた環境や今の生活状況など、さまざまな要素が価値観を構築し、ランチにかける「これが当たり前」という金額イメージを生み出します。

結局のところ、何を自分が重視しているか、その順序によって金額に違いが出てきます。

夫が「ランチは高価格帯で豪勢に食べたい」タイプに対し、妻が「出費をできるだけ抑えて他のことにお金を使いたい」節約派であれば、ここで価値観の違いが生じてしまい、関係に亀裂が走ってしまう一因となります。ランチだけでなくあらゆる買い物のたびにこのような価値観の違いが生じてしまえば、お互いの距離をどんどん広げてしまいます。これが長い期間積み重なれば、離婚に至ってしまうこともあるでしょう。

このような事態を避けるためには、本来であれば事前に話し合いの場を設けて、お互いが重視している価値観を確認し合わなければいけません。しかし冒頭の通り、**自分自身でさえ自分の価値観が分かっていない人が多いのです。**

人生において、自分が何を当たり前に重視しているのか。なかなかとっさに口に出せない自分の価値観を、私たちはあらかじめ明確にしておくべきです。

◆習慣が価値観を生む

そもそも、自分が当たり前だと思って無意識に思考や行動の根幹としている価値観は、どうやって生まれたのでしょうか。

価値観を生む源。それは習慣です。

毎日部屋の掃除機がけをしていたのを、ある日を境にして週に1回へと減らしたら違和感を抱くでしょうし、日に日に部屋が汚れていくことが気掛かりで、今すぐ掃除機をかけたくてうずうずするかもしれません。

これは毎日の掃除機がけを習慣として実践し、自分の当たり前の価値観として完成させていたからです。完成していた習慣を突然崩したら、心身のバランスを崩し居心地の悪さを嫌というほど実感することになります。

私の場合、怒るよりも褒めて育てる教育方針の、あまりしつけには厳しくない家庭に育ったこともあって、マナーがあまり行き届いていない部分がありました。たとえば、食べ終わった茶わんにご飯粒がいっぱい付いて残っていてもまったく気にしなかったのです。小さい頃からの習慣が定着して、そのような価値観が出来上がっていました。

それを社会に出てから身近な人に指摘され、「このままではまずいぞ」と徹底的に矯正するようにしました。

最初は意識して実践し、習慣化させていきました。今では茶わんに1粒でもご飯が残っていたら気になるくらい、「ご飯は残さずきれいに食べる」という習慣が定着しています。

私はこれ以外にも、大人になってから改変したマナーがいくつもあります。習慣化させて、価値観を変えることで、私は成し遂げていったのです。

◆価値観を変え目標達成

ここで本章の結論に入ります。

目標達成への第一歩。それは価値観の見直しです。

「痩せる」という目標を立てたら、まずは自分の習慣を見つめ直すことから始まります。炭水化物を摂取し過ぎているのであれば、週1回炭水化物を抜くという習慣を生み出し、新しい価値観として植え付けることが大切です。慣れるまでは違和感を抱くかもしれませんが、きちんと習慣化されれば、逆に炭水化物を抜かないと気持ちが悪くなるはずです。これが新しい価値観の芽生えた合図となります。

価値観さえ備われば、後は自動的に、週1回炭水化物を抜いた分だけ体重が減って目標達成となるでしょう。さらに体重を落とす目標を立てるなら、週2回に増やしてみたり、1日に歩く量を増やしたりなど、次の新しい習慣を作って、価値観へと成長させていけばいいのです。

そこで、**今の自分を変えていくためには、今自分が当たり前だと思っている価値観が何なのかを突き止める、自己解析から始めないといけません。**そして、目指す目標からずれた価値観や障壁となる価値観を持っていたら、まずはこの価値観自体を変えていかないといけません。

自分に今どんな価値観があるのか、そしてどんな目標を立てていけばいいのか。これらを見つけ出す方法については、ぜひ第３章をご覧ください。ワーク形式で目標を掘り当てる方法を須崎さんが紹介しています。

本章ではまず、自分がどんなことを重視していて、どんなことを習慣にしているか、自分を見つめ直す大事さを知っていただくことを着地点とします。この気付きが変化のきっかけを作り、あなたをより目標達成のできる人へと成長させてくれます。

（清水）

エネルギー	優しさ	安定	情熱
共感	美しさ	直感力	知識
チャレンジ	人間性	教育	感情
貢献	豊かさ	支援	使命
リーダーシップ	好奇心	完璧	夢
自信	成功	愛情	希望
輝き	信頼	計画	変化
権威性	個性	自由	愉快
穏やか	安心	影響力	家族
品格	冒険	正義	健康

レッスン1

譲れないものに優先順位を付ける

●目標探しの準備体操

本章の最後に、ちょっとしたレッスンをやってみましょう。第3章以降はたくさん手を動かすワークが登場するので、そのための準備体操にもなります。

まず、あなたが大切にしたい価値観を教えてください。価値観という言葉だとピンとこないのなら、「信念」「理想」「夢」「モットー」「生きがい」「人生の最終目的」「目指している姿」「これだけは譲れないもの」といったワードから連想できるものでも構いません。

まずは上図からピンときたワードを選び紙

に書いてみてください。その中から「これは大事だな」と思ったものをピックアップしていくと、よりあなたが大切にしているものが絞れてきます。

最低でも3つほど、あなたの大切な価値観を紙に書き起こしてみてください。

挙げることができたら次の段階です。これら大切にしている価値観に優先順位を付けてください。次に、それらのワードを元に自分の理念となる価値観を作っていきます。

ちなみに私の場合、「誰かのためになることをする」という価値観を最も重要視しています。

自分のため、家族のため、仲間たちのため、もっと大きくいえば人類全体のため。端的には社会貢献することが私の価値観です。

仕事も社会貢献の1つですが、他に献血に行ったり、お年寄りを気遣ったりなど、習慣化させているものがたくさんあります。

これら些細《ささい》な貢献活動が私に与えてくれるメリットは、**自信やチャレンジの源になってくれることです。**仕事でちょっとヘコむことがあっても、献血に行けば「自分はここで貢献できているじゃないか」と沈んだ気持ちをリカバーさせることができ、また次の新しい行動へ踏み出す勇気がもらえます。

あなたの人生の中でも、何を重視しているのかを明確にしておくことが肝心です。さらに順位も付けておくことで、自分が掲げるべき正しい目標がよりはっきりとしてくることでしょう。

これが、私の例を通してお分かりの通り、自分にとっての成長や喜びや自信の糧となってくれます。

というわけで、価値観の書き出しと順位付けをぜひやってみてください。

もし「まったく価値観が浮かんでこない」「順位なんて付けられない」のであれば、第3章の目標設定ワークが特効薬になります。

ライフラインチャートやマインドマップを通して、あなた自身であなたを解剖してみてください。

第2章 「温かい人」は目標達成上手

CONTENTS

1 「また会いたい」と思われる人になる

◆うまくいっている人の共通点

第1章では、変わることを受け入れる大切さ、変わることが目標達成へ近づくためのスタートラインだということをお伝えしました。

とはいえ、一体全体どう変わっていけばいいのか、どのような具体的目標を描けばいいのか、まだアイデアの浮かんでこない人もいることでしょう。

そこで本章では、どんな方にも目指してほしい1つの目標を提案したいと思います。

私がこれまで出会ったり見聞きしたりしてきた、「この人はすごい」「この人こそ本当の成功者だ」と思える人の共通点を分析し、私自身も現在進行形で目指している人物像です。

それが、本章のタイトルでも掲げた**「温かい人」**。

世の中でうまくいっている人たちは、みんな温かい人たちなのです。

温かい人だけでは、漠然としていて輪郭がはっきりとしてこないかもしれません。別の言葉に言い換えれば、誰からも好かれる人、安心感を与えてくれる人、自然と人が寄り集まってくる人、一緒にいて「血が通っているな」と感じられる人、いろいろな場面で気持ちが入っている人、そして「また会いたい」と思われる人、といったイメージです。

最後に挙げた**「また会いたい」と思える人というのは、もしかしたら一番なじみやすいイメージかもしれません。**これまでの人生の中で、あなたは「また会いたい」と思える人に出会ったことがあるはずです。

すでにこのような人物像を目指して日々を生きている方もいらっしゃることでしょう。温かい人に近づくための思考や行動を習慣化し、価値観へと育ませている最中かもしれません。

そういう方にも、さらなる温かい人を目指すためのアイデアを、本章には詰め込んでいます。

温かい人、また会いたいと思われる人。このような人物像と、本書のテーマである目標達成がどうつながるのか、その理由はおいおい詳しくお話しします。仕事がうまく回らない人、人間関係で悩んでいる人、将来のことに悩んでいる人は、まず自分が「温かい人」へと変わっていくことを意識しましょう。本章でその神髄に迫ります。

◆「温かい」の反対は「フラットな人」

私は営業マン時代から、このような「温かい人」になることをひたすら目指していました。

温かい人は自然と人を引き寄せるため、私は当時から「磁石人間」とも呼んでいます。**磁石人間は出会いのチャンスが多いため、人材にも仕事にも恵まれ、財も豊かになっていきます。** 時に彼らはそれを「自分は運が良かっただけ」と謙虚に言いますが、「温かい人だったから」というれっきとした理由があるのです。

ただ私の場合、温かい人を目指すことに躍起になり過ぎて、たまに「近づいたらやけどするんじゃないか」というくらい熱くなってしまうことがあるようです。

しかし私は頑張っている人を応援する立場、いわば情熱担当ですから、熱過ぎるくらいがちょうどいいかもしれません。私はそれでいいとして、多くの方は熱いよりも温かいを目指しましょう。

温かい人のイメージをさらに膨らませるために、温かい人とは反対の人についてここでは考えておきましょう。

温かい人の反対は、冷たい人ではなく、感情に抑揚のない人です。何事に対しても常にフラットな心境で、顔色ひとつ変えないポーカーフェイス。このような人が、温かい人の対極にある人といえます。

気持ちが入っていない人は印象に残りづらく、また会いたいなとは思われにくい存在です。

お店にたとえると分かりやすいです。

また行きたくなるお店というのは、店内の雰囲気や商品の質ももちろんですが、一番印象に残っているのは店員さんの笑顔と心の込もった対応です。店員さんにまったく気持ちが込もっていなかったら、いくらいい商品があったとしてもまた行きたいという気持ちは湧きにくいですよね。

気持ちが常にフラットな人は、物事を俯瞰《ふかん》し過ぎている傾向があります。自分のことをまるで他人事のように扱うため、あらゆることに対して「全力で受け止め、全力で投げ返す」という気概が欠けています。

私が携わっているコーチング事業では、クライアントの方には常に全力でいてもらうことを徹底しています。しかし中には、恥ずかしいからなのか物事に冷静過ぎるのか、なかなか気持ちを入れてくれない方も見受けられます。

「何で感情を出さないの?」

「変わるためにここに来たんじゃないの?」

こちらとしては、とてももどかしく感じることもしばしばです。誰よりも自分自身が変わりたいと思ってくれないと、コーチングの意味がありません。こちらが本気でボールを投げたら、向こうも懸命にキャッチし思い切り投げ返してほしいのです。

対極にあるフラットな人の特徴を挙げてきたことで、目指すべき温かい人の輪郭がよりはっきりしてきたことと思います。

目の前の一つ一つに対して感情を入れていく。これが温かい人のスタートラインなのです。

◆手本にしたい温かい人

たとえば営業マンの方で、お客さまに対して、マニュアル的な商品説明だけのロボットのようなプレゼンをしていないでしょうか。

そんなやり方ではお客さまの心に響かず、商品を買いたいと思わせることはできませんよね。

これから紹介していく温かい人になるためのアイデアをぜひ取り入れてください。感情を出しながらお客さまとの距離を近づけていけば、相手にこちらの温度が自然と伝わっていくはずです。

「なんだか分からないけどあなたが勧めるから買うよ」となるのがベストです。大げさではなく、このくらいの信頼関係が築けるまでを目指してください。

人間関係に悩んでいる方も、まずは自分の感情を出すことからスタートしましょう。相手の話にうなずくだけでもコミュニケーションの幅は広がりますので、**興味関心を持って接することを意識してください。**

最後に、具体的な例として、最も有名で誰もが納得する「メチャクチャ温かい人」のモデルを挙げます。

それは、タレントであり名司会者のタモリさんです。

タモリさんこそ、日本で最も有名な温かい人代表です。誰からも好かれていて、人を寄せ付ける磁石人間で、何にでも誰にでも興味関心を持ち、いつも感情が表に出ていて、愛情にあふれています。お茶の間もまた会いたくて、ついついタモリさんの番組にチャンネルを合わせてしまいます。

これまで挙げてきた温かい人の特徴をすべて満たしているといっていいでしょう。納得ですよね？

私はこれまで磁石人間とか温かい人とか、漠然としたイメージを目指していましたが、本当はタモリさんみたいな人になりたいのかもしれません。

私の新しい目標が出来上がりました。

というわけで、温かい人になって目標達成が上手になりたいなら、まずは**あなたにとって目標となる人を見つけて、一挙手一投足を観察し、真似てみましょう。**

2 「前向きなふりをする」からスタート

◆落ち込まない人なんていない

温かい人を目指すに当たって、まずは「前向きなふりをする」ことから始めましょう。

どんな人であれ、落ち込んだりやる気をなくしたりしてしまうことはあります。

私も計画がうまく運ばなかったり体調を崩したりして、気だるさが消えず前向きな気持ちになかなかなれないまま仕事に向かうことがあります。

そういうときには、無理やりにでも前向きになるしかありません。

では、前向きなふりをするとは、具体的に何を実践すればいいのか。それはすごく簡単で、誰でも今すぐできます。

日常の中にあるものすべてに感謝する。これだけでいいのです。

私たちはいつも自分にないものに憧れる傾向にあり、今ある生活に不満を抱きがちです。しかし、よくよく今の暮らしを見渡してみれば、戦争や犯罪などの危機にさらされることなく平和に暮らせていますし、食べ物に困ることはそうそうありませんし、いざというとき助けてくれる仲間や家族や組織の中で生きています。

今ある環境に感謝する。これを行うだけで、落ち込み傾向で曇りがちだった気分にパッと晴れ間がのぞくでしょう。

感謝の気持ちで明るく日々を送れば、周りにも光を照らせる人になれます。すなわち、安心感を与えられる温かい人となれるのです。

◆持ちたいプロ意識

精神論から入りましたが、ここからが大事な本題です。

なぜ落ち込んでいるときも前向きなふりをしなければいけないのか。**目標達成に後ろ向きな姿勢は不要だからです。**

つまずくたびに立ち止まって落ち込んでいたら、いつまでたっても目標には届きません。どんな体調であれ、どんな心理状況であれ、自分の出せる最高のパフォーマンスを常に発揮できるようにすることが、目標達成のために必要となるスタンスです。

子ども向け番組に出ている子役たち、ステージやテレビで奮闘するアイドル。彼ら若い人たちを見るにつけ、私は彼らのプロ意識に「すごいなあ」と感心させられっぱなしです。若い頃はやりたいことがたくさんあるし、わがままの1つも言いたいでしょうし、プライベートな理由で落ち込むこともあるでしょう。

複雑な感情を抱きながら、自らの青春を犠牲にして、芸能人としての責任を持って活動を続けているはずです。楽しく仕事に望める日のほうが多いでしょうが、そうではない気分の日もきっとあるでしょう。

それでも彼らは文句を言わず、ファンの人たちに向け笑顔を振りまいています。自身の感情に左右されず、その瞬間瞬間を大切にし、最高のパフォーマンスを披露するのです。

スポーツの分野においても、一流とそうでない選手の差はブレのなさだと言われています。どんな心身状態であっても安定して成績を出せる人こそが、真の一流プレイヤーということです。

彼らを見習い、私たちも**毎日を明るく、どんなにつらいときも前向きなふりをして進んでいくことが、着実な目標達成への礎となってくれます。**

そのためにも、今あるすべてに感謝をしましょう。

何もする気が起きない日もあるでしょう。つらい悲しいことがあって、やけになってしまいそうな日もあるでしょう。そういう日もまずは感謝からスタートして、心の深くにある前向きな自分を呼び起こしてください。

3 応援されることで強くなれる

◆自分本位はケガのもと

誰しも自分がかわいいものですが、度が過ぎると自分本位な考え方に偏ってしまい、利己主義に走ってしまいます。

言うまでもないことですが、自分の利益ばかり求めると最終的に身を滅ぼします。過去のさまざまな歴史やニュースを通して伝えられていることですし、子どもの頃に読んだ童話や絵本でも扱われているテーマです。

それでもなお、私たちは自分の利益に目が行きがちになってしまいます。自分が得られることを主体にして考え行動してしまうのです。

そのたびに、意識して修正する必要があります。自分本位になり過ぎてはいけないと。

自分の利益ばかり求めると、周りへの配慮が欠けてしまい、どんどん人が離れていってしまいます。「また会いたい」と思われる人からもかけ離れ、温かい人など夢のまた夢です。

支援者や応援者がいなくなり孤立無援になると、目標達成への道のりは途方もなく長くなってしまいます。**支援者なくして目標達成などなし得ないのです。**

マラソンでは街頭に応援者がいて、声援を送ります。ランナーは苦しくなったとき、彼らの声援によって救われ、限界以上の力を引き出すことができるのです。

支援してくれる人がいることで、私たちは強くなれます。弱っているときは、彼らが手を差し伸べてくれることで、窮地を脱することもできるのです。

だから決して自分本位にならず、周りへの配慮を十分に意識した行動選択をしていくべきです。

◆高まる自己肯定感

支援者がいることでなぜ強くなれるのか。この点をもう少し掘り下げておきましょう。

私たちは常に根底に、「認められたい」という**承認欲求**を持っています。

この承認欲求というのはなかなか欲張りなやつで、**より多くの人に認められるほど多幸感をもたらすとされています。**

1人より2人、2人より5人、10人、もっともっとたくさんの人に認められたい。

TwitterやInstagramといったSNS（ソーシャルネットワーキングサービス）が隆盛を極めているのも、多くの個人の「認められたい、『いいね』されたい」という承認欲求が一役買っているとされています。

認めてくれる人数が増えれば増えるほど、承認欲求が満たされ、自己肯定感が高まります。

自己肯定感が高まることで、自信に満ちあふれ、いろいろなことに積極的に取り組む姿勢が生まれ、必然と目標達成の成功率が高まるわけです。街頭の声援が大きいほどランナーにエネルギーが届き、ゴールへの執念をより燃え上がらせることができるのと同じ理屈です。

さらに、**自信を持って前進を続ける人の周りには、自然と支援者が集まってきます。**相乗効果が生まれ、より一層目標を引き寄せることができるのです。

◆先に価値を提供する

とはいえ、承認欲求の赴くままに行動していっても支援者は増えません。それはなりふり構わない、周りへの配慮が欠けた、自分本位に走ったやり方になりがちだからです。

では、自分本位にならないようにしながら、承認欲求を満たして支援者を増やすには、具体的にどう行動すればいいのでしょうか。

それは、**先に自分の価値を提供することです。**

価値といっても物質的なものである必要はなく、「なんだか一緒にいるとホッとするな」といった精神的な効能を相手に与えるだけでもいいのです。本章のテーマである温かい人であれば、自然と周囲に価値を与えることができているはずです。

簡単な手助け、お手伝いでも構いません。先に何かを求めるのではなく、**こちらが先に「何かしてあげられることはないか」と考え行動することを意識しましょう。**

これらにプラスして、自分の持っている技術や得意とする専門分野をアピールできれば最高です。もし今現在アピールできる技術や実績がなくても、「将来が楽しみだな」「楽しそうなことをやってくれそうだな」と思ってもらえるよう、自身の持っている未来のビジョンや夢、目標をはっきり相手と共有できるように準備しておきましょう。彼らはきっとあなたの心強いファンとなってくれるはずです。

4 話し方を変えて魅力度アップ

◆今からできるコミュニケーション術

温かい人を目指す上で人とのコミュニケーションは欠かせません。というよりも、本書のテーマである**目標達成すべてにおいて、人との関係を断ち切ることはできないのです。**

人が集まってくる人になり、応援されて目標を引き寄せる人になるためには、自身の魅力度を常に上げるトレーニングを実践するのも有効です。

ここではコミュニケーションの場において、話し方をアレンジして、自分の魅力度を上げる簡単な方法を紹介します。

◆バーバル&ノンバーバル・コミュニケーション

日々の会話の中、相手に自分の思いや考えをダイレクトかつ手際よく伝える方法として、**「バーバル」と「ノンバーバル」を駆使する**方法があります。

バーバルとは言語、私たちが発する言葉そのものです。対するノンバーバルは非言語、主に身ぶり手ぶりが該当します。

日本語の通じない外国人観光客に道を尋ねられたら、平易な英語と身ぶり手ぶりを交えて道案内するはずです。これがバーバルとノンバーバルを駆使したコミュニケーション術です。

短時間で相手に思考を伝えることができるため、初対面の人とも打ち解けやすくなります。また、バーバルとノンバーバルを駆使することで**手際よく伝えることができる**ため、時短術の1つともいえます。第1章で説明した「隙間時間を有効に使う」ことにも役立ちます。

人と話しているとき、言葉にばかり注意がいって、身ぶり手ぶりを忘れていることはないでしょうか。会話しているときにふと客観的に自身をとらえてみてください。ノンバーバルを生かしていなかったら、いかに身のあることを話していても、相手の脳や心へは届いていないかもしれません。

著名な政治家のスピーチは、バーバルとともにノンバーバルを随所にちりばめ、聴衆への印象度を高めています。

彼らの手法を真似しましょう。会話中も動きはなるべく意識し、身ぶり手ぶりを適度に加えて、相手により深く印象付けるのです。

視線にも注意しましょう。**相手の目を見て話す。**子どもの頃からよく注意されることの1つですが、意外ときちんとできている人は少ないです。

私はよく大勢の前で講義する機会をいただくのですが、この時はとくに視線に気を付けます。誰か1人ばかりを見たり、虚空に視線を漂わせたりするのではなく、**聴いてくださっている方一人一人へ、順番に視線を合わせる**ことを意識しています。「あなたに伝えています」という気持ちを目で訴えることで、より相手の気持ちを盛り立て脳を刺激させることができます。

表情にも気を遣いましょう。**楽しいときは笑顔になり、悲しいときは悲しい表情を作る。**終始無表情だったり、ムスッとした顔をしたりするのは絶対に避けましょう。そういう顔をされたら、誰だって不安や不快な気分になり、また会いたいとは思いません。

表情作りは苦手な人もいると思いますが、温かい人を目指す上では積極的に取り入れていきましょう。これができないと、本章冒頭に説明した感情に起伏のない「フラットな人」になってしまい、周りにはなかなか人が寄ってきてくれません。なるべく意識して会話する癖をつけていきましょう。

◆おなかから声を出し、抑揚をつける

バーバルとノンバーバルを用いたコミュニケーションはバランスが肝心です。積極的に取り入れてほしいですが、どちらかに偏り過ぎてもいけません。身ぶり手ぶりはフレーバー的要素であって、肝心なのは伝えるべき内容であることを忘れずにいましょう。

バーバルコミュニケーションで気を付けておきたいのが、基本的ですが**おなかから声を出すこと**です。プレゼンテーション（プレゼン）の場や大勢が集まる会議では必ず意識しましょう。相手にはっきりとダイレクトに伝えていく上では基本かつ重要なものとなります。また、喉だけで話すと声がかれやすく、長く話すほど聞き取りにくくなってしまいます。この点でもおなかから声を出すことは大切です。

抑揚つけも実践できるとなお良し。**大事なところはゆっくりと言ってみたり、イントネーションをよりはっきりさせたり**といった方法です。

また聞いている側にいるときも、リアクションの抑揚は大切にしたいです。**驚くべきところで驚き、笑うべきところで笑顔を見せましょう。**これだけでも相手の印象はだいぶ変わります。

これらはあまり大げさになり過ぎないほうがいいですが、どれが正解というものはありません。「思いを込めて話していますよ」「きちんとあなたの話を聞いていますよ」という温かい思いを伝えることが大事なのです。

◆緊張なんてないんだ

初対面の人や大勢の前で話すとき、緊張を感じてしまい、うまくできる自信がないという相談を受けることがあります。

現在の私を知っている人からは驚かれるのですが、私自身も元来人見知りで、緊張しやすい人間でした。

でもそんな自分が嫌で、ある時**「緊張しない人間に変わろう」と目標を立て、どうやったら緊張せず人と接することができるかを研究した**のです。そして今では緊張をほとんど感じることなく、場所や環境に関わらず、上手に人とコミュニケーションを取ることができるようになりました。

後は**場数を踏めば踏むほど、スキルが上達**していくのを感じました。今では場の雰囲気に飲まれず、心のまま好きなようにしゃべることができています。

緊張は物質として存在するものではなく、自分が生み出してしまっている感情です。

ですから、心のコントロールさえ上手にできれば、緊張なんて感じずにいられるはずです。ではどのように心を調整すればいいでしょうか。

まず、なぜ緊張するのかというと、「相手にどういうふうに見られたいか」を強く考えてしまうからです。かっこよく見られたいとか、頭が良さそうに見られたいとか、自分をより良く見せようとこだわるから、緊張という感情は心の奥底から湧き上がります。

ということは、「こういうふうに見られたい」という気持ちさえ抱かなければ、緊張しないということです。

失敗しても、うまくしゃべれなくても、自分が伝えたいことを伝えればいい。 思いのままを相手にぶつけるんだ。

この結論に達した途端、私は人前で話すことにまったく緊張を感じることがなくなりました。

私の体験談だけでは信ぴょう性に欠けるので、もう一例紹介します。

ある中間管理職の方から「プレゼンがうまくできない」という相談を受けたことがあります。

「なぜうまくできないのか」と尋ねると、「資料を用意し準備万全で臨んでも、本番で緊張し頭が真っ白になってしまう」というのです。

私もかつて同じような人間でしたから、私がどのようにして緊張しがちな自分を克服したのか説明し、「資料にこだわり過ぎず、頭ではなく心で、自分の思うように伝えればいい」とアドバイスしました。

この方は完璧主義者で、会社内での立場もあり、つい何でもできる自分を演出しようと躍起になっていました。これが緊張の原因となっていたのです。**真面目な人ほど陥りやすい空回りの状態です。**

情熱さえあれば相手に魅力は十分に伝わります。ベストではなく、まずはベターから始めてみる。どういうふうに思われてもいいから、胸を張ってプレゼンしよう。そのくらいの気持ちで臨むことが大切です。

以降、この方はプレゼンで緊張をほとんど感じることなく、うまく伝えられるようになりました。プレゼン内容の魅力が相手へ過不足なく伝わるようになり、業績も良化したそうです。

「緊張なんてないんだ」

この思考は、あなたの魅力度をアップさせる上できっと良い材料となるはずです。緊張を感じるたびに、思い出してください。

5 感情爆発で脱否定人間

◆自分らしさが最も出るとき

大人になっていくにつれて、私たちは感情を思いきりぶつける機会が減っていくものです。

若い頃なら、部活動に熱中しているときや、文化祭や体育祭に励んでいるとき、友達とゲームやカラオケで遊んでいるときなど、思いきり感情をぶつける対象がいくつもありました。

しかし大人になるとまったく逆の状況となり、感情を抑えて気持ちを制御し、我慢しながら日々を送ることがマナーのような社会へと放り出されます。

これが精神的なストレスとして、私たちへ大きくのしかかる可能性は大いにあります。

「我慢の連続」という負のスパイラルにはまり、絶え間なくストレスを受け続けると、抑えきれないくらい感情が膨らんで、ある時「バンッ！」と爆発してしまい、心を病んでしまったり、犯罪に手を染めてしまったりする人が出るケースも現実として発生していま す。

不穏な切り出し方になりましたが、要するに私たちは**定期的に感情を爆発させる機会が必要**だということです。

感情を爆発させるというのは、なりふり構わず自暴自棄な行動を起こすという意味ではなく、**「自分らしさを最も出せる時間を作る」**ということです。

しかし、ここでさらなる問題が出てきます。

私たちは「どんな瞬間が最も自分らしいのか」ということを忘れがちだということです。

◆嫌いな上司との付き合い方

かつて営業マンとして会社の一員として働いていた頃、属していた部署にものすごく嫌いな上司がいました。

重箱の隅をつついてくるような、ちょっとでも気に食わないことがあると「口撃」してくる、一言で言えば面倒な上司です。たとえ99％うまくできていても、残りの1％についてネチネチと文句を言ってくる、私にとって憧れの真逆をいく人でした。

「こんな上司にはなりたくないなあ」

叱られているときは、必死に我慢して感情を押し殺しながら、そんなことをよく考えていたものです。

少なくとも仕事上は、彼のことが大大大嫌いだったのです。

しかしあるとき、ちょっとだけ見方を変えることを試しました。

「この人自身は、自分が嫌なことをやっているという自覚はないのかもしれない。良かれと思って、私のことを叱っているのかもしれない。もっと腹を割って話し合えば、この人からも何かしら得られるものがあるかもしれない」

これまで彼に対して抱いてきた**否定的な思いを、一度肯定的（ポジティブ）に見直してみた**のです。「かもしれない」だらけでしたが、ポジティブにとらえることで、私の明るい将来のために彼が存在してくれている気が、何となくですが湧いてきました。

そして、一度この押し殺していた感情を彼にぶつけて、話し合ってみたいと思うようになりました。

思い付いたらすぐ行動がモットーの私は、すぐに上司に声を掛けました。

「よろしければサシで飲みましょう！」

嫌いな人や苦手な人と２人で過ごす時間というのは、明らかに居心地の悪い時間です。最初はややネガティブというか、「結局何も前進しなかったらどうしよう」という不安も拭えませんでした。

「いつもありがとうございます」

否定的な気持ちに傾くのをグッとこらえ、「腹を割って、感情を思いきりさらけ出して正面から話そう」と覚悟を決めながら、上司のコップへビールを注ぎました。

アルコールが入っていくうち、みるみる状況は変わっていきました。曇りがちで不透明だった私たちの距離が、パッと明るくなって近づいていったのを感じたのです。

嫌いだったはずの上司ですが、お酒を飲んで話すと意外なかわいさや人間味が見えてきて、魅力的な人だということに気付くことができました。次第に「この人は良い人だ」と思えてきて、否定的な気持ちはどこかへと吹き飛んでいたのです。

この日以降、仕事のときに怒られても、私は不思議と嫌な気分にはならなくなりました。狭くなっていた私の心が広くなったのか、はたまた上司が私に歩み寄り控えめに叱ってくれるようになったのかは分かりませんが、上司との信頼関係ができ、気持ちを我慢することはなくなったのです。

悪い部分だけを見るのではなく、良い部分を発見するのも大事なんだ。そう思える出来事でした。

嫌いな人や苦手な人がいても、悪い部分ばかり見て距離を置くのではなく、良さを発見するためにあえて近づいてみるのも、解決の糸口になるという教訓です。

同時に、感情を押し殺してストレスを溜めるのではなく、相手に感情をぶつけて話して本当に良かったとも感じました。

人と話すことが大好きな私にとって、自分の感情を抑えて叱られるのは最大の苦痛です。腹を割って話をすることが、私にとって最も自分らしい時間でした。

ここで私が伝えたいポイントは2つあります。**感情を爆発させる機会を作ること**と、**否定的な人間になり過ぎないこと**です。

とくに自分に対して否定的（ネガティブ）になり過ぎている人は注意が必要です。

自分を否定する癖がある人は、過去の人生で承認欲求の満たされる回数が少なかった人といえます。本章で紹介しているアイデアを実践して、**周りから認めてもらう機会を増やし、早めに否定人間を脱してください。**

加えて、感情を抑えず、爆発させる機会をできるだけ作っていきましょう。

◆1人カラオケでビジネスが加速したBさん

私がコンサルしたBさんは、感情を抑えていたばかりに目標達成ができないでいました。

Bさんは非常に優秀な個人事業主ですが、実践されている事業は伸び悩んでいました。ノウハウが確立されているのに、なかなか軌道に乗らず結果が出ませんでした。

Bさんが、成果の出ない自分に対してネガティブ過ぎることが、拍車を掛けて事態を悪い方向へと向かわせていたのです。

カウンセリングを続けていくうちに、Bさんは学生時代に音楽をやっていて、歌ったり楽器を演奏したりすることが大好きだと分かりました。

そこで私は次のような提案をしてみました。

「1人カラオケでも行って、思いきり歌ってみてはいかがでしょうか」

最近では、繁華街で1人カラオケ専門店の看板をよく見掛けるようになりました。私も気晴らしに、空いた時間でフラッと立ち寄って熱唱し、リフレッシュすることがあります。音楽好きのBさんなら、なおさらカラオケが現状打破につながるいい手立てではないかと思いました。

結果が出なくて焦っているBさんとしては、「事業が順調にいってないときにカラオケなんて」という思いもあったでしょう。しかし私のアドバイスを素直に受け止め、早速1人カラオケへ行き、大好きな音楽に感情をぶつけたのです。

結果として、Bさんの中から否定的な気持ちが抜け、確たる自信と前向きな気持ちが生まれてきました。

Bさんは事業がうまくいかないことで気持ちも行動も負のスパイラルに陥り、自分をネガティブにとらえる否定人間になっていました。しかし歌を通して、積み上げてきた自分の良さに気付くことができたのです。

初めは上手に歌えなかった。しかし練習を重ねるうちに少しずつ上達して、今では人並み以上の技術を得ている。今の事業も同じで、初めてだからうまくいかなくて当たり前。音楽を頑張っていた頃の経験を生かせば、きっとうまくいくはず。

そのように思考を切り換え、その場で足踏みしていた自分を見直し、自信を持って前へ進むとともに、気持ちが沈みかけたときは1人カラオケへ通うことを決意したのです。

結果を急ぎ過ぎたり、周りを気にし過ぎたりといった、悪い感情で塗り固められた自分に気付くとともに、自分の本来の良さに気付けたことが、Bさんにとって大きな財産となったことでしょう。

ビジネスと1人カラオケという、まったく別の事象ですが、根底ではつながっています。**かつての成功体験を引き出すことで、新しい目標に対して臆することなく、「絶対達成できるんだ」という自信を持って臨むことができるのです。**

すごく熱中したこと、大好きなこと、歓喜した瞬間というものを、今の仕事に置き換えることができれば、それが何万馬力ものエンジンとなり、莫大《ばくだい》な推進力をもたらしてくれます。

感情を爆発させることと、否定人間を脱することが、目標達成への近道です。

6 失敗したときこそ、前へ進むチャンス

◆失敗もあったほうがいい

自殺大国と言われるくらい、日本は自殺者が多い国です。

自殺の理由は、労働環境であったり家庭事情であったり金銭事情であったりとさまざまです。しかしその根本をたどっていけば、失敗が許されない日本の国風が多少なりとも関わっているのではないでしょうか。

学生時代は、他の誰かによって敷かれたレールの上を歩み、導かれるまま進んでいけばいいものでした。本書のテーマに沿って表現するなら、「与えられた目標さえ達成」していればよかったのです。

しかしこれが、社会人への扉を開いた途端、状況は一変します。歩んでいくべき道、目指していくべき目標の選択権が、完全に自分自身へと委ねられるのです。

心の準備もスキルアップもしないまま、自分で目標を立てて、自分の道を自分で切り拓くことを強制される。これがどのような結末を描くでしょうか。

うまく自分の好きなことが見つかり、自分の思うまま順調に歩んでいければいいですが、道を1つでも誤ると、人生を転がり落ち、地獄のような日々を味わうことにもなりかねません。しかも、自分に合わない仕事を選んでしまったり、人間関係に恵まれない環境に身を置いてしまったり、お金のやりくりをしくじってしまったりなど、一度道を誤ってしまうとなかなかカムバックできないのが日本の仕組みです。

自分の選んだ道で一度失敗を経験すると、「もう後戻りできない」と自分を追い込み、鬱屈《うっくつ》とした日々にうんざりし、死を選んだほうが楽とさえ考えてしまうのです。

このような結末をたどる原因は、失敗を経験したこと自体ではありません。失敗に慣れていないことです。

加えて、失敗したときに支えてくれる良き支援者がいなかったことも災いしています。

ですからまず私が思うのは、人生失敗も度々経験したほうがいいということです。失敗しても、そこから立ち直る術を身に付けてほしいのです。

順調な日々を生き続けると、ちょっとつまずいただけで起き上がることに苦労を感じてしまいます。そうならないよう、適度に転んでみることが後々の良い薬になるのです。

失敗経験から這い上がったときの、挽回の喜びを味わうことが、成功体験の基礎となります。

失敗は決して無駄なものではありません。その後の人生を豊かにしてくれる素材の1つなのですから、むしろプラスなものとしてとらえるべきです。

◆底抜けに明るい崖っぷち経営者

どんなにすごい人でも、過去を掘り起こせば失敗を喫しています。

よくいわれることですが、世界の最前線を行く成功者たちは、数々の失敗経験を味わった上で、そこに立っているのです。

失敗すれば誰だって落ち込みます。彼らの本当にすごいところは、**落ち込んでからの立ち直りが迅速**だという点です。というよりも彼らは、そもそも「うまくいかなかった＝失敗」とは思っていないのでしょう。どんな状況でも常に前向きなのです。

とある著名な経営者の方のお話が聴ける機会がありました。

とても楽しみにしていたのですが、なんとその会の直前、その方の会社が大きな経営難に追い込まれる事態が発生しました。

あまりにも急転直下な出来事です。もしかしたら会も中止になるのではと気をもみましたが、無事に開催へと至りました。

登壇して開口一番、「今の私が何を話しても説得力はないかもしれませんが」と自虐的なセリフで笑いを誘った後、ビジネスのお話をいろいろと伺うことができました。

その後、懇親会にて直接お会いしたときに私は大いに驚かされました。

その経営者の方は、会社が今後どのような道をたどるかまったく分からない瀬戸際だというのに、終始底抜けな明るさを見せていたのです。陰鬱《いんうつ》な表情を見せる瞬間は1秒もありませんでした。

「死にたいくらい大変なときなのに、この明るさはすごい」というのが、お会いしたときの正直な感想です。

もしかしたら内面では、焦りや葛藤、極度の落ち込みを抱いているのかもしれません。しかしトップに立つ人が絶望感をさらけ出していたら、立ち直るものも立ち直れません。

おそらくこの方は、現在の窮地を失敗としてはとらえていないのでしょう。自分に課せられた、新たな自分へと成長するための挑戦の1つだと感じていらっしゃるはずです。きっと、現状を打破するための目標作りに余念がないことでしょう。

実際彼にお会いすることで、何となくですが、「この方の会社は起死回生できる」という予感も得ました。

なぜそう思ったかというと、彼の底抜けの明るさはもちろん、彼はたくさんの信頼できる仲間に恵まれ、困ったとき助けてくれる支援者が数多くいることに気付いたからでした。

幾多の困難が待ち受けていたとしても、頼もしい仲間が周りにいれば、きっと乗り越えることができる。それが笑顔と自信となって表に出ていたのかもしれません。

私にとって得るものが大きい勉強会でした。

◆後ろを振り返り、前へ進む

窮地に立たされたときにすぐ立ち直れるかどうかは、手を差し伸べてくれる支援者の数がどれだけいるかに懸かっています。

いわばこれが失敗のメリットで、自分の周りにいる人たちの存在を再確認できるのです。

うまくいっているときは前へ進むことにひたむきになりますが、その間にもたくさんの方に手伝ってもらっていますし、こちらも周りと協力することで推進力を得ていたはずです。

計画が頓挫し目標達成が叶《かな》わず、仮に無一文になってしまったとしても、それまでに協力しお互いに価値を提供し合ってきた仲間がいるなら、起死回生なんてたやすいことなのです。

「おごるからおいしい飯でも食いに行こうぜ」

「君の力が必要だから、ちょっと手伝ってくれないかな?」

といったように、どん底にいても元気づけ、新しい目標を与えてくれる人がいるおかげで、再び立ち上がることができます。

支援者がたくさん周りにいればいるほど、立て直す時間も短くて済むはずです。

これは普段から温かい人を目指している人だからこそなせる業だといえます。これまで紹介してきたような、温かい人になるための実践を続けてきた、支援者に恵まれている人の特権です。

失敗とは、ちょっとだけ立ち止まってみて、後ろを振り返るためのサインというとらえ方もできます。自分を支援してくれている人たちに改めて気付くチャンスなのです。

支援者さえいてくれれば、いやが応でも、いつか目標を達成し、大成功することができます。

決して失敗を悪ととらえてはいけません。失敗を目標達成の糧とするとともに、支えてくれている人たちの存在に気付くための絶好の機会としましょう。

7 カリスマに学ぶ「安心感を与える人」

◆温かい人の上位版

本章の最後は応用編として、カリスマについてお話しします。

「なぜここで急にカリスマが？」と疑問に思うかもしれませんが、温かい人を極めた人こそが、カリスマだと感じているからです。言い換えるなら、温かい人をバージョンアップさせたものがカリスマなのです。

カリスマの持つ能力は、大きく2つに分けることができます。

1つ目は持って生まれた先天性の能力です。カリスマは超人的な資質を有しているといわれていますが、それは天によって与えられた特殊な力です。こればかりはいくら欲しくてもカリスマの専売特許のようなものなので、吸収することはほぼ不可能と考えておくべきです。

そこで2つ目の、自力で磨いて身に付けていく後天性の能力に注目します。ここではカリスマが有している後天性の能力について知り、温かい人になるための参考材料としていきます。

カリスマから学べる後天性の能力には、安心感とリーダーシップがあります。このうち、安心感についてはとくに、温かい人にとっての重要な特徴の1つです。

次に、ある大学の研究チームによって導き出されたカリスマの6つの特徴と6つのスキルを紹介します。「この人に任せておけば大丈夫だ」と思ってもらえるような、安心感抜群の人になるために参考にしてください。

これらを実践すれば誰でもカリスマになれます、という言い切りはできませんが、カリスマがしていることを真似ることで、より温かい人に近づけるのは間違いありません。

◆カリスマの6つの特徴と6つのスキル

ある研究によれば、カリスマには大きく6つの特徴があるといわれています。もしあなたの身近にカリスマと呼ばれる人がいるのなら、これらの特徴と照らし合わせてみてください。なるほどと思わずうなずいてしまうことでしょう。

【カリスマの特徴】

① 他人をいい気分にさせるのがうまい
② 他人にしばしば笑いかける
③ 誰とでもうまくやる
④ 存在感がある
⑤ 他人に影響を及ぼす能力を持っている
⑥ 集団を導く方法を知っている

本章の冒頭で「温かい人のイメージ代表はタモリさん」と言いましたが、まさにタモリさんはこれらカリスマの6つの特徴を満たしていると思います。

6つの特徴のうち、①から③までは安心感、④から⑥まではリーダーシップに紐づいているといえます。また、先天的な能力ではなく、日々の中で体得し技術として磨ける能力です。

具体的にどういったことを実践していけば、先天的なカリスマでなくても6つの特徴を光らせることができるでしょうか。

次に、カリスマが有している6つのスキルを紹介します。温かい人になるためのヒントとしてください。

【カリスマのスキル】

① 共感
② 傾聴
③ 自信
④ 情熱
⑤ 表現力
⑥ アイコンタクト

◆6つのスキルの実用例

①共感

カリスマはもちろん、温かい人が持つ必要不可欠なスキルといえます。

「この人は私のことを分かってくれているんだ」

家族や友人や職場の仲間など、周りの人たちにそう思ってもらえたら、彼らがあなたに抱く安心感や信頼感は絶大なものとなります。

共感を伸ばす簡単で有効な方法は、相手の真似をすることです。ミミッキングとも呼ばれるこの手法は、異性にモテる人もよく実践しているそうです。

相手が髪を触ったら自分も触る。笑ったらこちらも笑い返す。こういった**動きや表情作りを真似する**のも有効ですし、**相手の発言の一部をさりげなく復唱する**のも、相手に共感を持たせることができます。

「最近趣味でテニスを始めたんだ」

「へー、テニスですか」

「昨日もやったんだけど、筋肉痛がつらくて」

「筋肉痛、つらいですよねえ」

相手の言葉を真似るだけなので、瞬発力を求められるトークが苦手な人でもすぐに実践できます。

これだけでも、相手に「この人は私の話を聞いて理解してくれる」という安心感を与えることができ、好感度や信頼度を上げることができます。

②傾聴

共感とセットで磨くテクニックです。**相手の話に興味を持ち、熱心に耳を傾けていることを態度で示しましょう。**

こちらが話しているとき、相づちなどのリアクションがなく、表情もどこかつまらなそうで、話し相手が終始興味がなさそうな様子だったら、不満や不信感を拭えませんよね。

意外と皆さん、自分の興味がない話を振られると、その内面を行動や表情に出してしまいがちです。「あ、この人は私に興味がないんだな」と相手を落胆させてしまいます。これでは相手と距離を作ってしまい、関係構築が困難になってしまいます。

応援してくれる人を増やせることが温かい人の特権であり、円滑な目標達成のための条件でもあります。相手の話していることに耳を傾ける姿勢は常に心掛けましょう。

③ 自信

大きく2つ存在します。1つ目は根拠のない自信で、これはカリスマ性の高い人が先天的に持っていることがほとんどです。簡単に体得できるものではありません。

2つ目は、成功体験で作られる自信です。

本書のテーマにつながるところですが、成功体験は目標を達成することで得られる自信に紐づけられています。**「目標達成し、成功体験が得られ、自信がつく」**の流れは一くくりと考えましょう。

したがって、自信をつけて周りに安心感を与えられる人になりたいのであれば、目標設定と達成を繰り返し行っていくことが第一です。小さい目標をいくつも重ねていくことで、大きな自信となっていきます。

さらに「この人は自信を持って生きているな」と相手に思わせるのは、一貫性を持つことです。終始ぶれることなく、1つの大きな目標に向けてひた走れる人を、私たちは**「自信に満ちあふれた人」**と見なします。

たとえば、世界的に有名な漫画『ONE PIECE』（集英社）の主人公ルフィ。「海賊王になる」と徹底して夢を語り続けているルフィには自信がみなぎっています。

彼の場合は先天的なカリスマ性に助けられている面もありますが、一貫した夢や目標を語れる人物は、多くの人たちに安心感を与えることができ、自然と仲間を増やすことができるのです。架空の人物ではありますが、ルフィは温かさに満ちあふれたカリスマです。

④ 情熱

何事に対しても力いっぱいに取り組む姿勢です。

自分の中に情熱の火を絶やさないでいることも大切ですが、周囲に対して情熱を配っていくことを忘れないでおきましょう。傾聴とリンクしている部分で、自分のことばかり熱く語るのではなく、**周りに対して情熱を向けて絆を深める意識で接することが大切**です。

自分語りが過ぎる人は嫌われがちです。「私はこうなんだけど、あなたはどう？」と、自分が発言しているときも常に周りにアンテナを向けるよう心掛けましょう。

⑤ 表現力

日々の積み重ねによって自然と培われていく、自分なりの個性ともいえます。カリスマ性の高い人はこの表現力が抜群に優れているからこそ、多くの人を魅了し続けられるのでしょう。

バーバルとノンバーバルを駆使したコミュニケーションから、まずは始めていきましょう。あなたなりの表現力が自ずと鍛えられていくはずです。

⑥アイコンタクト

周りに安心感を与えて不安を除去する作用があります。強ばった筋肉を緩める作用ともいわれています。

相手と気持ちを同調し安心させるために、アイコンタクトは忘れず行いたいです。

また、これを逆手に取った方法もあります。あえて視線をそらすことで、相手に不安な気持ちを与えるテクニックです。

深刻な話をしているときに不意に視線をそらすと、「急にどうしたんだろう」「もしかして嫌われたのかな」と相手を不安にさせることができます。

ここで再度視線を戻し、アイコンタクトを取ります。さらに優しさや温かさを伴った言葉を添えれば、先ほどまでよりも深い安心感を与えることができます。緩急と落差がポイントです。

使い過ぎると逆効果なので、ここぞというときのテクニックとしましょう。

◆定期的な見直しをしよう

カリスマの持っているスキル、**「共感」「傾聴」「自信」「情熱」「表現力」「アイコンタクト」**を念頭に置いて、**温かい人になるべく**、日々コミュニケーション力を鍛えていってください。

安心感やリーダーシップを伸ばす方法は他にもありますが、温かい人になるための入門編として、日常でやってほしいお勧め技を厳選した次第です。

私もまだ温かい人を目指す途中です。本章の内容を定期的に見返して、意識し忘れていることがあれば、日々の目標として掲げ、価値観として定着させていくようにします。目標更新を繰り返すことによって、温かい人への階段を着々と上っていくことができます。

肝心要の正しい目標の立て方については、次章の須崎さんの章でお伝えします。

（清水）

レッスン2　「小さな変化」「小さな達成」を見つける

●チリツモ成功体験

本書を通して伝えたいことの1つでもありますが、小さな目標をコツコツと達成していって自信をつけていくことが、大きな目標達成への着実なステップアップとなります。

ちりも積もれば山となる。**小さな成功体験をたくさん重ねていき（チリツモ成功体験）、自信に満ちあふれた人を目指しましょう。**本章のテーマである「温かい人」も同時に目指していれば、より一層周りから支持され応援される人になれます。

さて、その第1段階のレッスンとして、**今日経験した「小さな変化」や「小さな達成」を紙に書きましょう。**今日がまだ始まったばかりなら昨日の「小さな変化」「小さな達成」でも構いません。

本当に些細《ささい》なもので問題はありません。

「目覚まし時計が鳴る前に起きられた」

「道端のゴミを拾ってゴミ箱へ捨てた」
「ご飯を食べた後にごちそうさまと言えた」
「前から気になっていたお店に入ることができた」
「難しくて解けなかった問題が解けるようになった」
「新しい営業先を開拓できた」
「人前で話しても緊張しなかった」
「部下のノルマ達成を一緒に喜べた」

そして、**新しい変化や達成ができた自分を労ってあげましょう**。これが自信の栄養分となり、後々の目標達成、大きな成功を引き寄せることにつながります。

さらに、自分のことだけでなく、周りで起きた小さな変化や達成にも気付くことができ、一緒になって喜べるようになること。これが本章で述べてきた温かい人の理想の姿であると、私は思います。

第3章 あなたに合った目標の立て方

CONTENTS

1 「目標が分からない」という方へ

◆まずは頭の整理から始めよう

本章からは私、須崎雄介が、目標の立て方についてのアドバイスをさせていただきます。清水さんの章はマインドセット、思考法を工夫することであなたの心に眠ってしまっていた、やる気や情熱を呼び起こすことを主目的とするのに対し、私の章では違った角度から話を進めていきます。

すなわち**実践**です。「どんな目標を立てたらいいのか分からない」もしくは「今ある目標が自分にとって本当に正しいものなのか分からない」といった方に、実際に頭と手を動かして、ワーク形式で能動的に目標を導き出してもらうことが本章の狙いです。

ポイントは**頭の中を整理する**ことです。

夢や目的や目標というのは、頭の中だけでこねくり回していてもうまくまとまりません。実際に手を動かして、頭の中にあるものをいったん外へ出し、頭をクリアな状態にしてから、視覚や触覚など感覚の力を借り、見つけ出していくべきなのです。

作業スペースに余裕のある方は、ぜひ手元に紙とペンを用意して、ワークしながら読み進めていってください。

「すでに明確な目標を自分は持っている」という方も、一度は目を通してください。目標作りだけでなく、**自分の価値観の見直しや、将来に向けてやっていきたいことの断捨離も行える**からです。

普段の生活ではなかなかできない自分の見直し作業を、本書をきっかけにぜひ実践してみてください。

◈やりがいなくして前進なし

目標の立て方をこれから紹介するにあたって、私のことを少しだけお話しします。

私は大学卒業後、学校法人で教員として7年間勤務しました。担任としてクラスの面倒を見るのはもちろん、就職指導や進路相談、新校舎のプロジェクトに携わったこともありました。教職に留まらず幅広い経験を積むことができ、やりがいを持って取り組むことができました。

教えることが大好きな私は、今も人に教えることを仕事としています。職は変われど、軸としているものは同じです。

教わる側は、教員時代は20歳前の学生だったのが、ビジネスのコンサルティングをする現在は、若い方から年配の方まで年齢層も職種も厚く広くなりました。しかし、教える内容の根っこの部分はやはり変わりません。

教員時代の私は、生徒さんたちが技術を磨き、手に職をつけてもらう一方で、**人生の目標を持ってもらう**ことを大切にしていました。

いくら素晴らしい才能や技術を持っていても、「自分は何のために頑張っているんだろう」と気持ちが迷宮入りしてしまったら、人生を自分の力で切り開いていくことはできません。前進の原動力となる目標ややりがいというものを、きちんと明確にしてもらうことを心掛けていました。

この部分は今も変わっていません。私の元へ相談に来られる方には、ビジネスノウハウを伝授するとともに、目標作りを徹底してもらっています。

単に「稼ぎ方を知りたい」「新しい収入源を得たい」という目標以外に、**「その稼いだお金で何をするのか」を明確にしてほしい**のです。それがなければ、目標達成に向けて走り続けることなどできないのですから。

ビジネスの話になりましたが、仕事だけでなく、人生におけるあらゆることも共通です。**目標の正しい立て方**と、**達成に向けた正しい道筋**を知ることから始めましょう。

◈ありのままの自分を出していこう

教員時代そして現在を問わず、たくさんの生徒さんと出会いました。その中で得られた目標の立て方、そして目標達成法を本章ではお伝えしていきます。

冒頭に戻りますが、目標の立て方にはいろいろなアプローチがあり、中にはすでにあなたが実践したことのある方法も提示しているかもしれませんが、改めてぜひ手を動かしてみてください。その時とはまた違ったアウトプットができるはずです。

あまり深く考えず、力を入れ過ぎず、自然体で心の向くままに、目標作りのための頭の整理を心掛けてください。

2 ライフラインチャートで人生を振り返る

◆人生の浮き沈みをグラフに

さっそく頭の中に詰まってごちゃごちゃになったものを、紙面上へと「見える化」していきましょう。

まず行いたいのが**「ライフラインチャート」**の作成です。

ライフラインチャートは、厚生労働省のキャリアコンサルティング技法としても推奨されていて、やり方はとても簡単です。

自分の人生を振り返り、過去に起きた**「満足度の高かったこと・うまくいったこと」**と**「満足度の低かったこと・うまくいかなかったこと」をグラフ化**します。

横軸を時間とし、縦軸にプラス領域とマイナス領域を設け、満足度の度合いによって高さを付けて点を打ち、線で結ぶことがポイントです（112頁参照）。

満足度を別の言葉に置き換えるなら、「幸せだったこと・不幸せだったこと」「嬉しかったこと・悲しかったこと」「成果が出たこと・失敗したこと」「テンションが上がったこと・下がったこと」といった感覚でもいいです。

あまりにも過去にさかのぼり過ぎると、詳細を忘れているかもしれないので、最近の数年を切り取って描いても構いません。ポイントさえ守っていれば後は自由、あまりルールに縛られずにやってみてください。今後のワークにおいても共通しますが、あまり頭で考え過ぎず、思いのまま、自然体のまま、正直な表現で、紙に書き起こしていきましょう。

過去の思い出し作業になるので、時間をかけてじっくり見つめ直しましょう。いい機会になると思います。

ライフラインチャートを描く際は、形式だけを参考にして、内容についてはあまり引っ張られないようにしましょう。あなたにとっての幸福や満足度や達成感を基準にしてください。

◆「見える化」で浮かぶあなたなりの目標

ライフラインチャートで**過去の出来事の満足度を「見える化」**することによって、さまざまな気付きを得ることができます。

「自分はあの出来事を引きずっているな」
「あの時の成功体験が今の自信につながっているな」
「仕事よりもプライベートでの出来事のほうが気持ちの浮き沈みが激しいな」

と、**人生において自分が何を重要視しているか**、目の当たりにできる点が大きいです。

また、他の人とライフラインチャートを見せ合い、比較しながら意見を出し合うのも有意義です。

私はこれまでたくさんの人のライフラインチャートを見てきましたが、人によってまったく違っていて興味深く感じています。起伏がたくさんある人もいればそうでない人もいますし、山谷の高低差が大きい人もいれば小さい人もいるのです。

各人が**何に重きを置き、何をやりがいとして人生を歩んでいるのか**、一目で丸分かりとなるのがライフラインチャートといえます。

生活面が中心だったり、仕事や学業が中心だったり、利益よりも貢献を重要視していたり。価値観はまさに十人十色です。

地位や収入を目標にしていたけれど、ライフラインチャートではお金や社会的なことよりも家族との時間を大切にしていることが分かった。こういう方はまさしく目標の立て方が間違っていたために、モチベーションを保つことができず、これまでうまくいかなかったのだと気付けます。

自分が何を喜びとして生きているのかが判明することで、あなたにとっての最適な目標が見えてきます。

「時間的自由を手に入れたい」
「家族や仲間と好きなところを旅行したい」
「理想の相手と結婚したい」
「出世して偉くなりたい」
「プロのサッカー選手になりたい」
「人を笑顔にできる仕事をしたい」
「起業したい」
「不労所得で暮らしたい」

目標はまさに十人十色でしょう。
まだこの段階では漠然とした目標で構いませんので1つ「これだ」と思える目標を控えておきましょう。

Cさんのライフラインチャート

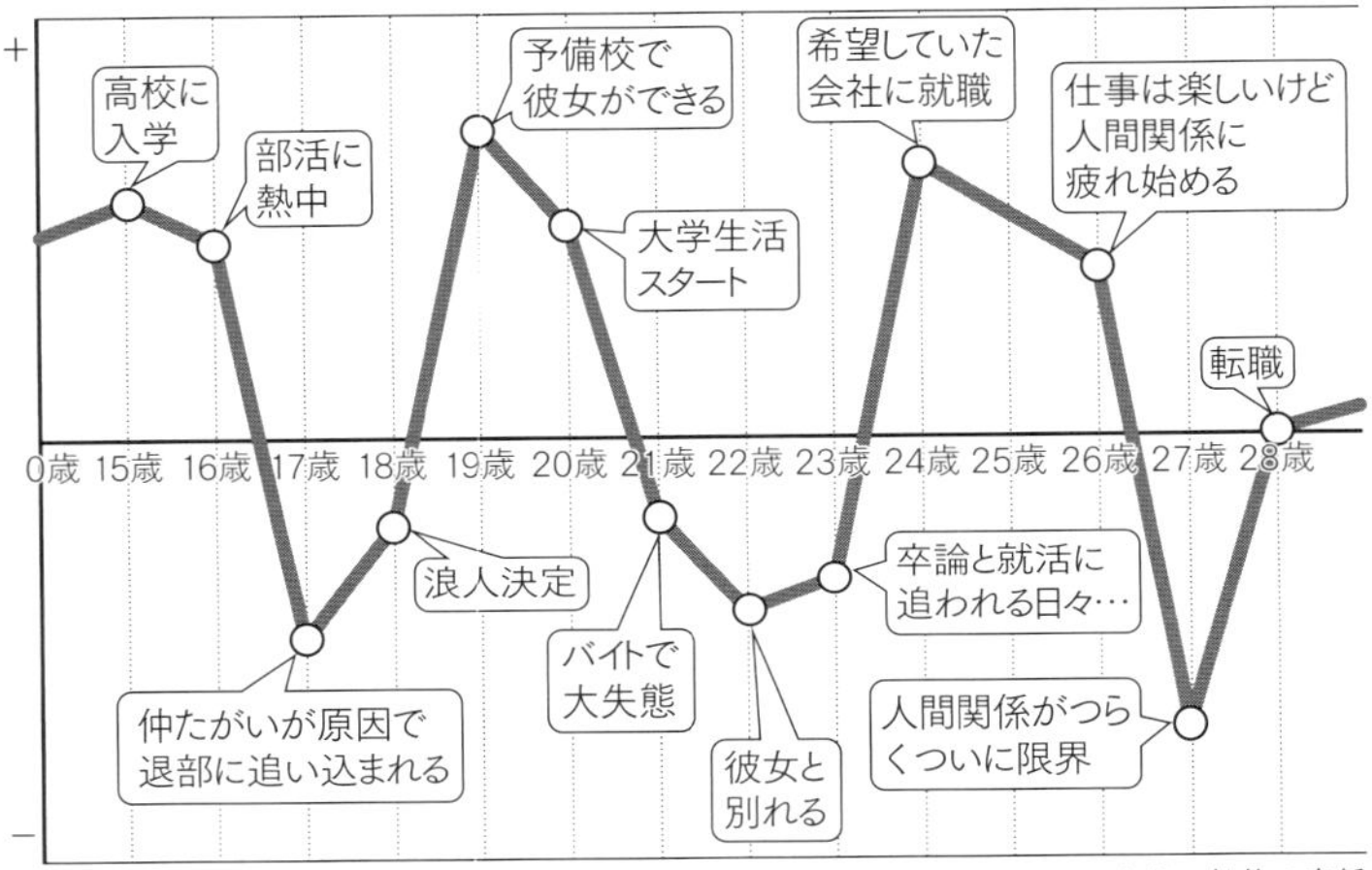

転職したてで新しい生活をスタートさせたばかりのCさんのライフラインチャートは、起伏の高低差が大きめです。またこれまで人間関係で悩むケースが多かったこともうかがえます。

Dさんのライフラインチャート

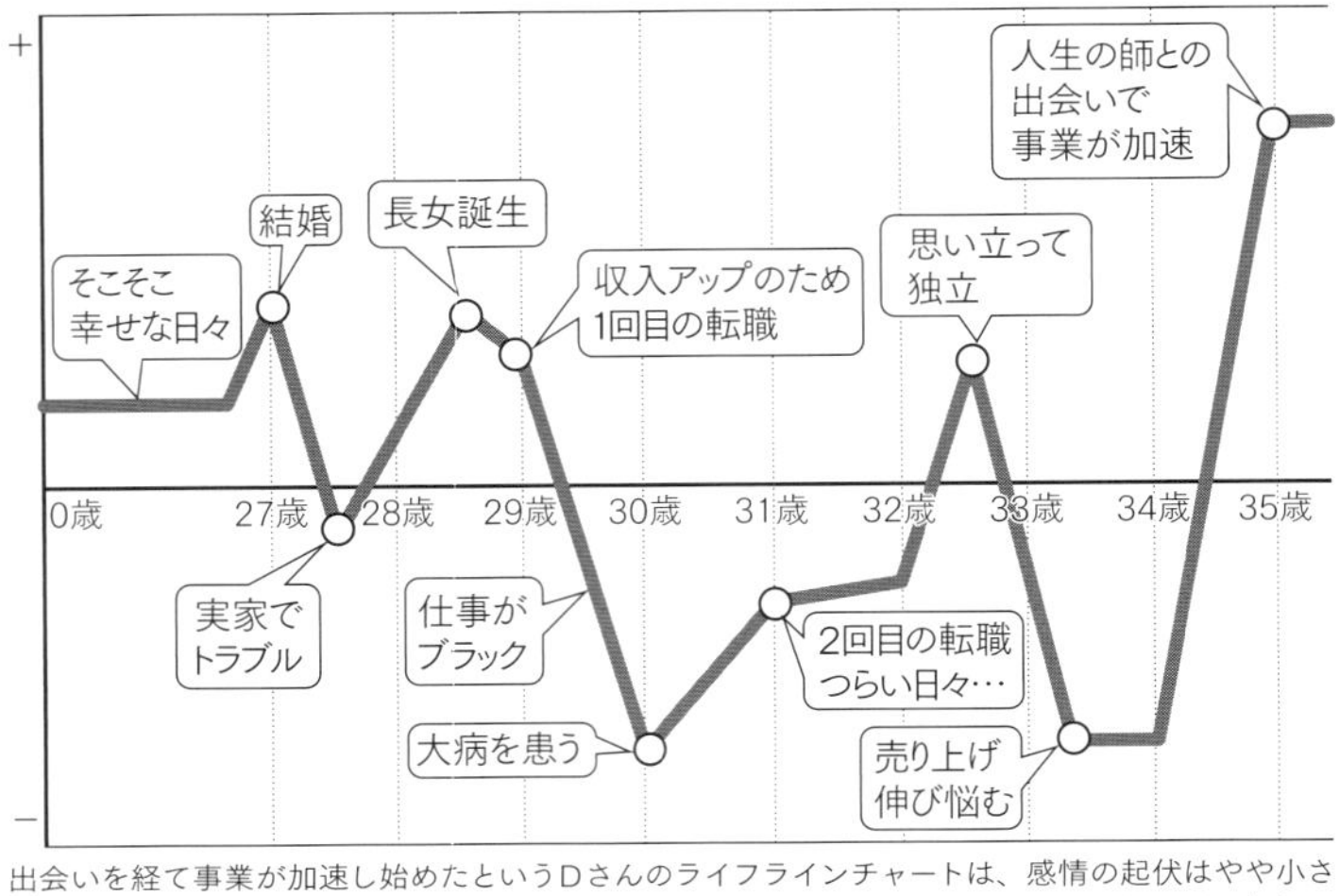

出会いを経て事業が加速し始めたというDさんのライフラインチャートは、感情の起伏はやや小さめです。20代は家族のことが中心で、30代からは仕事に軸足を置いていることがうかがえます。

このように**ライフラインチャートでは、満足度の最も高い状態をキープできる目標作りのヒントとなってくれます。**

そのぼんやりした目標をより明確化し、細かく切り分けて、日々の活動に盛り込んでいくことが目標達成への着実なアプローチ術です。

以降でその流れを詳しく説明するので、ぜひ手を動かしながら吸収していってください。

3 自己分析で成功&失敗の法則を見つける

◆ 4つのステータスで振り返る

ライフラインチャートが完成したら、次に**「満足度の高かったこと・うまくいったこと」と「満足度の低かったこと・うまくいかなかったこと」を書き出し、それぞれのステータス（状態）を分析し、共通点を見つけていきます。**

共通点を導き出すことで、あなたが成功するコツ、もしくは失敗する要因が見えてきます。

すべての出来事を書き出すのは一苦労なので、**人生のベスト3とワースト3を書き出してみましょう。**

計6つの出来事を「**メンタル**」「**スキル**」「**フィジカル**」「**サイクル**」の視点で振り返ってみましょう。思い出せる限り、詳細に書き出してください（120・121頁参照）。

①「メンタル」はその時の精神的な状態：どんな気持ちだったか、どういうモチベーションで取り組んでいたかを正直に書き留めましょう。

②「スキル」はその出来事に際してどんな準備をしていたのか：普段からどういった知識を吸収していたか、どんな技術が生かせたかを記します。「満足度の低かったこと・うまくいかなかったこと」のスキルでは、「どんなことをしていればもっとうまくいったか」「どんな知識や技術が不足していたか」「後悔している部分はないか」といった反省視点で振り返ってみるといいでしょう。

③「フィジカル」は体の健康状態：体調や体づくり、食事や睡眠についても書き出してください。それぞれにどれだけ気を遣っていたかを思い返します。

④「サイクル」は当時の習慣や生活リズムの振り返り：「満足度の低かったこと・うまくいかなかったこと」では、悪いと分かっていてもつい続けてしまっていた習慣がな

かったかを思い出してみてください。

◆共通点のあぶり出し

4つのステータスを書き上げたら、今度は「横」に比較していきます。

すなわち、書き出した**「満足度の高かったこと・うまくいったこと」**と**「満足度の低かったこと・うまくいかなかったこと」の上位3つの各ステータスを見比べて、共通点を見いだしていきます。**すべてに共通していることでなくてもいいので、横に比べて気付いたことを書き留めていきましょう。

ここは自己分析の上で非常に大切なプロセスです。分析の仕方を間違えると、意味のない作業となってしまいますので、各ステータスの共通点の見つけ方のコツをじっくり説明していきます。

「満足度の高かったこと・うまくいったこと」から抽出したいのは、**過去の成功体験から導き出される勝ちパターン**です。

①メンタル

その時の**精神的モチベーションの柱となっていた共通点をあぶり出していきます。**成し遂げるにあたって、達成時のご褒美や支えてくれた人たちなど、必ず何か心のよりどころとしていたものがあったはずです。それらは今後のあなたの目標達成においても重要なモチベーションとなってくれるはずです。思い出せる限り書き出します。

②スキル

あなたが**事前に行っていた準備の共通部分を見つけ出します。**加えて、出来事によっては、あなたが得意としている、よりパフォーマンスを発揮できる技術を発見できるかもしれません。たとえば誰かと一緒にやる作業のほうがうまくいくとか、逆に1人のほうが成功しやすいとか、念入りに計画するよりもまずやってみたほうが成功しやすい、といったようにです。勝ちパターンにおける自分に合った戦略が見えてくるでしょう。

③フィジカル

健康状態の共通点です。うまくいっているときは体調が優れていて、健康のために実践していたこともあったはず。自身の体への気遣い度合いを見いだしていきましょう。

④サイクル

実践していた良い習慣や意識行動の共通部分を拾い上げます。これは人によってさまざまで、当時行っていた意外な習慣が勝ちを引き寄せていることもあります。「外食は控えていた」「通勤途中の神社で祈願していた」「守衛さんに必ずあいさつをした」といった些《さ》細《さい》なものでも、思い出せた習慣は書き留めておくといいでしょう。

続いて「満足度の低かったこと・うまくいかなかったこと」の共通点です。

こちらはいわば負けパターンの抽出ということになります。やはり重要なワークですので頭を働かせましょう。

①メンタル

モチベーションダウンの要因の共通点を探しましょう。心がくじけてしまった瞬間はいつなのか、どういったマイナス思考状態に陥りやすいのか、自身の思考パターンを分析しましょう。

②スキル

不足していた技術や反省点などを書き上げていったと思うので、その中の**共通事項をま**

とめましょう。計画性がなかったり、純粋に自分のレベルが足りなかったり、技の未熟さによる敗因は必ずあるはず。そこをきっちり見つけ出しましょう。

③フィジカル

メンテナンスの足りていなかった点に共通事項がないかスキャンしてください。多くの場合、失敗するときは体のコンディションが悪く、十分なパフォーマンスを出せていないもの。**食事や睡眠**などにも共通した部分を探し出せるとベストです。

④サイクル

習慣や行動の共通点を発見するのも重要です。何かと怒りがちだった、遅刻が多かった、ついお金の無駄遣いをしていた、家族の問題を後回しにしていたなど、当時の生活模様をよく振り返っておきましょう。

説明だけだとピンとこない部分が多いはず。前述したライフラインチャートの例（112頁参照）を元に、これら共通点抽出までのワークを例として提示しているので（120・121頁参照）、参考にしてください。

◆発覚する強みと弱み

共通点のあぶり出しで見えてくるのは、**成功と失敗の法則**です。

「験《げん》を担ぐ」という古い言葉があります。過去に良い結果が出たときの行動を真似することで、また良い結果を得ようとすることです。

「試験の前夜にかつ丼を食べたら受かった。だから次の試験も、前夜にかつ丼を食べよう」

勝ちパターンに乗ることで、成功へと自分が向かっている気分が味わえます。科学的根拠うんぬんとは別に、自身のモチベーションに一役買ってくれていることは確かです。

加えて、失敗率を上げてしまう可能性も回避できるのです。極端な話、かつ丼ではなく牡蠣《かき》を食べて食あたりになってしまったら元も子もありません。

過去の成功体験に沿い、失敗体験と同じ行動を避けることが、成功率アップの秘訣《ひけつ》。そういった意味で共通点探しは大変意義があります。

また、このワークによってあなたの**得意なこと**や**弱点**も発見できます。

事前の準備を大切にしていても、頑張り過ぎて体調不良に陥ったり。

自分の技術は足りていても、他の人たちとの連携に未熟さがあって目標達成に至ってい

Cさんの自己分析表

ステータス別「満足度の高かったこと・うまくいったこと」

	1位	2位	3位
	予備校で彼女ができる。	希望していた会社に就職、社会人生活スタート。	高校に入学する。
メンタル	受験勉強が大変だった。彼女との時間が大切で心の支えになった。	希望が叶った喜びと新しい生活へのワクワク感に満たされていた。	高校生活にワクワクとドキドキがいっぱい。
スキル	目標があり、勉強にも熱心に打ち込めていた。	社会人スキルを上司や本から学び積極的に実践した。	受験勉強は自分なりに頑張っていた。
フィジカル	体がなまらないよう、デートでスポーツをしたりもした。	健康状態はとくに問題なかったと思う。	風邪予防をしっかり行っていた。
サイクル	彼女と自習室で勉強し学力が伸びた。睡眠時間は少なかったと思う。	夜型人間になっていたので少しずつリズムを戻していった。	中学の部活を引退した後も毎日ジョギングを習慣にしていた。

▶

ステータス別の共通点

メンタル	心の支えがあると強くなる。ワクワクしないと続かない。新しいことへの挑戦が好き。
スキル	ワクワクできる目標があったので、大変なことも頑張って続けることができている。
フィジカル	自分の体のことを気遣う余裕がある。こまめにチェックし、対策している。
サイクル	勉強を最優先しながらも、好きなことや大切なことも両立して生活している。

ステータス別「満足度の低かったこと・うまくいかなかったこと」

	1位	2位	3位
	人間関係で仕事がつらくなる。	仲たがいが原因で退部に追い込まれる。	彼女と別れる。
メンタル	悩み過ぎてうつ状態だった。仕事に行くのが嫌でたまらなかった。	悩みまくっていた。「ダメなヤツだ」と自分で自分を追い込んでいた。	無気力状態で何も考えたくなかった。
スキル	信頼する上司から心配されたが、弱さを見せるのが嫌で相談できなかった。	自分にも悪い点があったのに、素直に謝れなかった。	サークルやバイトで忙しく、連絡を取り合う機会が減っていた。
フィジカル	頭痛や肩凝りがひどかった。朝仕事に行くとき吐き気が止まらないことも。	入浴後の柔軟体操を怠ったため、疲れが残りがちだったと思う。	やけになってお酒の量が増え、二日酔いで一日中ダウンすることも。
サイクル	休みの日は何もする気が起きず、食事や睡眠もままならない日が続いていた。	部活を辞めた後は遅くまで遊ぶことが多くなった。	新しい出会いを求め、交流の場に顔を出すことが増えた。浪費が激しかった。

▶

ステータス別の共通点

メンタル	悩んで頭の中がいっぱいになり、他に何もしたくない。自分1人で抱え込んでいた。
スキル	自分をかっこ良く見せようとして、悪くなっていく現状を直視していない。
フィジカル	自分の健康を顧みなくなる。自暴自棄。
サイクル	一度心にダメージを受けると食事や睡眠もままならない。嫌なことから逃げ、楽なことで気を紛らわしている。

Dさんの自己分析表

ステータス別「満足度の高かったこと・うまくいったこと」

	1位	2位	3位
	人生の師とも呼べる人に出会い、事業が加速。	結婚。	長女が誕生。
メンタル	気持ちが一気に前向きになれた。人との出会いの大切さに気付いた。	家族のために仕事を頑張るという大きな目標ができた。	とにかく嬉しかった。さらに頑張って働こうという気持ちになった。
スキル	自分の力不足を認め、実力のある人から教わる思考に切り替えた。	妻と役割分担して生活することで、いろいろと負担が減った。	仕事での成長意欲が増した。収入アップのために必要なことを考え始めた。
フィジカル	前向きな思考になったことで体の不調も自然と良くなった。	結婚準備や手続きで忙しく睡眠不足が続いた。	出産前は何かと大変だったが、誕生に立ち会えて疲れが吹っ飛んだ。
サイクル	毎晩アルコールを摂取する習慣を止めることができた。	土日も生活リズムを崩さず過ごし、月曜を元気よく迎えられた。	早めに帰宅し子どもと入浴。休みの日に散歩へ出る機会が増えた。

▶

ステータス別の共通点

メンタル	かけがえのない人との出会いが自分の心を強くしてくれている。
スキル	自分1人では無理なことは、周りにやってもらったり教えてもらうことでうまくいく。
フィジカル	ある程度無理をしていても、気持ちが前向きなら頑張れるし体調も崩しにくい。
サイクル	悪い習慣を断つことで状況が良くなる。断つには周りの助言や支えが必要。

ステータス別「満足度の低かったこと・うまくいかなかったこと」

	1位	2位	3位
	大病を患う。	満を持して独立するも、売り上げが伸びが悩む。	2回目の転職で大失敗。
メンタル	かなりしんどかった。家族の支えがなければもっと治療が長引いたかも。	家族に苦労を掛けてしまいとても申し訳なかった。	会社へ行くのがつらかった。
スキル	激務が続いて、自分の体調に気を遣えていなかった。	経営者としての知識やノウハウが不足していた。	業務内容が自分に向いていなかった。
フィジカル	退院後もしばらくは不調だった。	事業がうまくいかないストレスで胃腸炎や脱毛症を経験。	心身共に絶不調だった。
サイクル	仕事に熱中し過ぎていて、まともな生活を送っていなかった。	独立後、昼夜逆転生活、ストレスもあり不摂生が続いていた。	収入が減り、かなり切り詰めた生活を送った。

▶

ステータス別の共通点

メンタル	とにかくネガティブ。
スキル	準備不足の状態で新しいことに挑戦している。知識と技術不足。
フィジカル	ストレスがすぐ体に出るタイプだと思う。症状に気付いても対策を先延ばしにしている。
サイクル	仕事や収入に見合った生活プランが立てられていない。

なかったり。

成功や失敗の根本的な要因に気付くことができるでしょう。

これらは第４章の、新しい目標を達成していく段階で、事前に問題や課題を想定し、対策を練る際に非常に参考となります。

4 マインドマップで見えてくる目標の真の価値

◆その目標は、どこから落ちてきたのか

最後に、あなたの抱いている目標を、さらに深掘りします。

つまり**「なぜ自分はその目標を達成したいのか」**、**自分の心に問い掛ける**のです。

ここから分かってくるのは、あなたの目標のさらに先にある真の価値、**人生の目的**です。

自分の心の中を徹底解剖し、あなたの目標がどこから湧いてきたのか、出どころを探っていきます。

自分の生き様に気付き、再確認できる良い機会にもなるので、ぜひ以下のことを実践し

てください。

やることは**マインドマップ**の作成です。脳内の地図を紙に起こします。

マインドマップはトニー・ブザン氏によって考案された発想法で、マインド系の多くの書籍でも取り上げられていますし、最近ではスマートフォンのアプリでもマインドマップ作成ツールが登場しています。それぞれに特徴ややり方、ルールがあり、導き出される結論も違ってきます。


これから紹介するマインドマップは、私自身が就職活動をしていたときに実践し、さらに専門学校での教員時代に生徒たちに実践させていた方法です。

ポイントは未来や過去の時間軸を置くことです。これを意識しながら頭の整理をすることで、あなたの人生の終着点や、あなたの目指したい理想の姿が見えてきます。

◆なぜなぜ分析

そもそもマインドマップとは何か。基本部分を簡単に説明しておきましょう。

マインドマップはあなたの現状理解や自己紹介をするために便利なツールです。

大きめの紙を用意し、まずは紙の中央に、自分の名前もしくはシンボルとしてシンプルな似顔絵を書きます。

そして**自分に対して問い掛けていく**のです。

問い掛ける内容は自由です。ここではパッと思い付きやすい例として、好きなものシリーズにしましょう。「好きな食べ物は何？」「好きな人は？」「好きなスポーツは？」などです。

好きなものでなくても、趣味や習慣にしていること、大事にしている信念など、どんなテーマからスタートしても問題ありません。**思い浮かんだことから好きなように書き起こしていくのがマインドマップです。**

好きな食べ物に対して「カレー」が浮かんだとしましょう。中央に書いた自分から枝を生やして「好きな食べ物」、そこからさらに枝を生やして「カレー」と書きます。他にも好きな食べ物があれば枝分かれさせていきます。

ここから次の段階。「なぜ好きなのか」自分に問い掛けましょう。

「なぜカレーが好きなのか」だったら「ジャガイモが入っているから」「辛い物好きだか

ら」など、カレーが好きな理由が思い浮かんだら書き込んでいきます。

さらにこれらに対しても「なぜ」と問い掛けましょう。「なぜジャガイモが入っていると嬉しいのか」「なぜ辛い物が好きなのか」です。

「おじいちゃんが北海道でジャガイモ農家をしているから」「辛い物を食べると元気になり頭がすっきりするから」などなど。

マインドマップに描くことで、好きになった理由をさらに深掘りすることができ、これらが今の自分を形成する1つの要素となっていることが発見できる他、自己紹介する際のネタ作りとしても活用できるわけです。

このような**「なぜ」の問い掛けが、中心から派生した1つの枝につき5回程度行えると、自身の深層部分へたどり着くことができます。**

ライフラインチャートが過去の事実に基づいた自己分析であるのに対し、**マインドマップは頭の中を巡回することで自分を深いところまで理解できる**のです。

自分が大切にしているものは何なのか。根底にある自分の**本当の価値観**を掘り当てることができたとき、このマインドマップはあなたにとってかけがえのない宝の地図となります。

◆未来と過去

マインドマップの考え方の基本は以上として、ここからはより目標達成に紐づいたマップ作りをしていきます。

マインドマップに未来と過去を加えます。ここでは**紙の上側を未来、下側を過去**としましょう。

中心には目標を書きます。目標がまだ見つかっていないという方は、ライフチャートや自己分析を活用し、自分が欲しいものやなりたい姿を、ぼんやりとした目標でも構わないので、見いだしましょう。

それでは最初の「なぜ」からです。**「なぜこの目標を達成したいのか」を、理由を考えられるだけ挙げてください。**

目標を達成した後に自分が得たいことやしたいことが挙がれば、未来にあたる上側へ書き込んでいきます。目標を設定したきっかけとなる人物や出来事や心境が挙がれば、過去にあたる下側へとそれぞれ枝を伸ばしていきます。

ここからさらに**次から次へと「なぜ」を突き詰めていく**ことで、あなたの価値観やモットー、生きがいとしているものが判明し、中央に掲げた目標の真の価値が見えてきます。

◆実例1「会社を持ちたいEさんのマインドマップ」

文章説明だけだと伝わりづらい部分も多いので、実際の例を通してより理解を深めましょう（129頁参照）。

私がコンサルタントとして独立支援している方お2人に、マインドマップを描いていただきました。マップの一部分ではありますが、各々のマインドマップを参考にしながら、以下をお読みください。

1人目のEさんは「会社を持つ！」ことが目標です。これを起点になぜなぜ分析を行います。

「なぜ会社を持ちたいのか」という疑問から「家族がお金で苦労した」からという理由をまず挙げました。さらに「なぜお金で苦労したのか」に対し「親の借金」という理由に加え、「助けたいと思った」「もっと余裕が欲しかった」「無力さを感じた」といった当時の心境が次々と明らかになりました。

「助けたい」「余裕が欲しい」という心境は「なぜ」に対する的確な答えになっていませんが、まったく問題はありません。思い付くままに紙へ起こしていくのがマインドマップであり、これら内面の吐露によって自分の信念やモットーがより鮮明になっていきます。

さらに会社を持つ理由として「自由が欲しい」も挙げています。なぜ自由が欲しいかというと「自分の時間が欲しい」からで、なぜ自分の時間が欲しいかというと「時間に縛られる生き方をしてきた」という過去とともに、「1人の時間を作りたい」「1人でいるとポジティブな気持ちになれる」「本を読みたい」といった、自由を手にした未来の自分をイメージすることができました。

ここからさらに、なぜ1人だとポジティブになれるのか、なぜ本を読みたいのか、といったところもなぜなぜ分析で深掘りしていくことで、よりEさん自身の価値観がはっきりしてくるのです。

「募金活動を続けている」のも、自分が過去にお金で苦しんでいたことや自由が欲しいという部分に端を発し、「苦労している人を放っておけない」「自分と同じ苦労を経験してほしくない」「貧困や性暴力などの社会の問題を解決したい」という強い思いがあるから

Eさんのマインドマップの一部

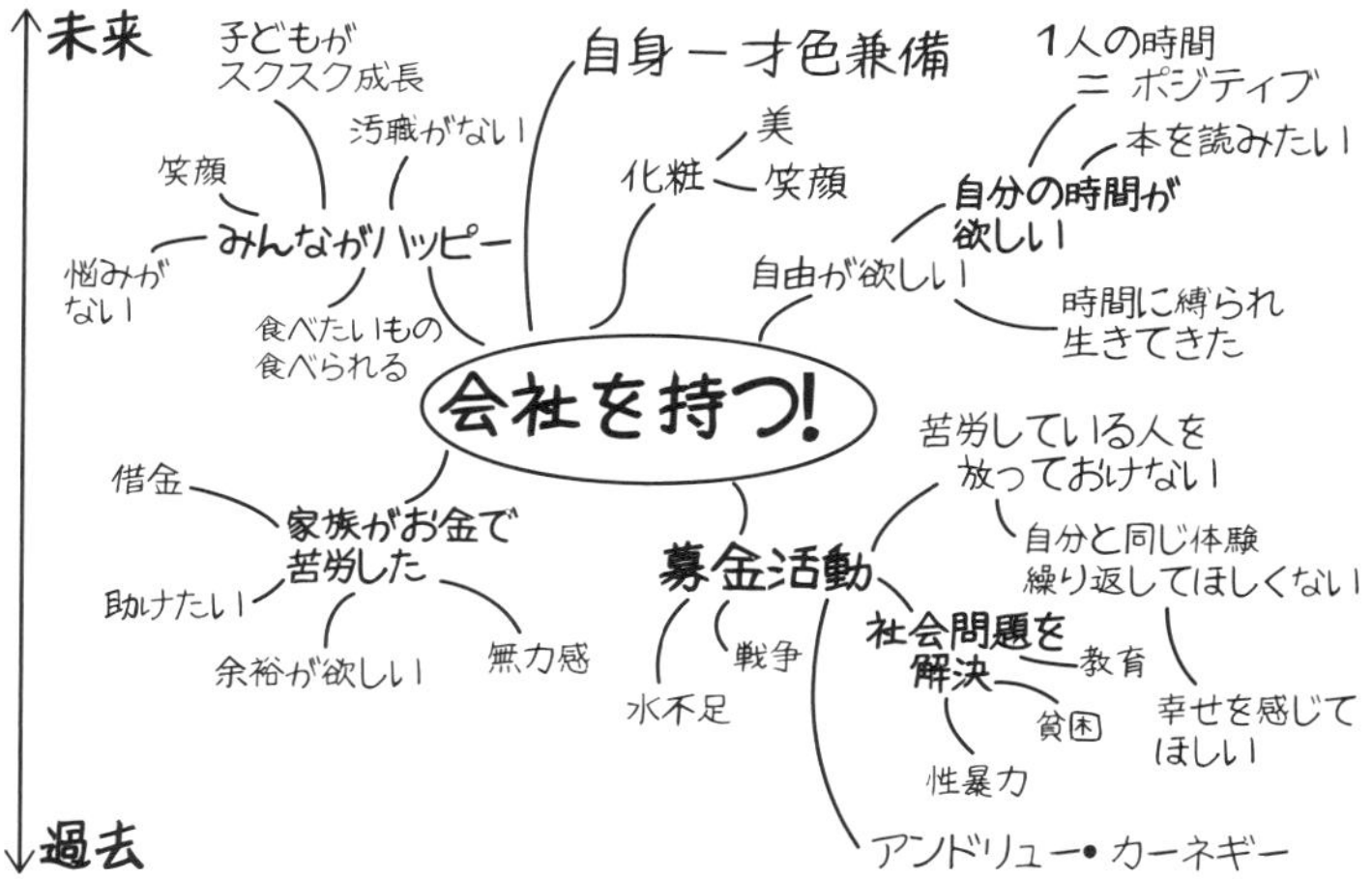

でした。

また、枝分かれの中で、偉大な実業家であり晩年は慈善活動に励んだアンドリュー・カーネギーの名前が浮かび上がり、彼の影響を受け、彼のような人物を目指していることも分かりました。

このように頭の整理をしていくうちに出てきた言葉が、中心から出ている枝の1つ「みんながハッピー」。さらにみんながハッピーとはどんな世界なのかを深掘りし、「笑顔」「悩みがない」「子どもがスクスク成長する」「汚職がない」「食べたいものが食べられる」といったワードが出てきています。

他にもどんな会社にしていきたいかや、過

去のどんな体験が事業に反映されそうかなど、「会社を持つ!」を中心としたマインドマップは多岐にわたっています。

これらのワードを眺めていると、Eさんがどういった価値観を持ち、何をモチベーションとして目標達成に向けて動いていけるのかが少しずつ判明してきます。

Eさん自身も、会社を持った後のビジョンが明らかになり、強くてぶれない気持ちを持って、より一層目標に向けて走れるようになった様子でした。

◆実例2「莫大《ばくだい》な資産を築きたいFさんのマインドマップ」

2人目のFさんも、私と共に独立してビジネス展開している方なので、目標は自身の事業に基づいています。10億円の資産を築き「自動的に年収3000万円」が入ることを中央の目標として掲げました。何もしなくても一生お金に困らない仕組み作りをしたいということです。

さっそく「なぜ」と問い掛け、マップを広げていきました(133頁参照)。

なぜ自動的にたくさんのお金が入るようになりたいのか。それは「お金を気にしないで済む」から。なぜお金を気にしたくないのかというと、「自分の好きなことがしたい」という理由が出てきました。

Ｆさんはかつて自分の好きなことを仕事にしていましたが、なかなか稼ぎが上がらず苦しい生活を強いられ、好きなはずだった仕事そのものが嫌いになりかけてしまいました。

「このままだと本当に好きだったことが、やりたくないことに変わってしまう」

それが現実になる前に仕事を辞め、新しいビジネス探しを始め、私との出会いに至ったのです。

将来好きなことを、思う存分好きなだけやれるよう、まずは安定収入が入ってくる仕組みを確立しようと、ビジネスに現在進行で励んでいます。

マインドマップのなぜなぜ分析に戻りましょう。続いて「なぜその仕事が好きなのか」。とても大事な問い掛けです。

その仕事を通して人を「幸せにできる」「悩みを解決できる」「笑顔にできる」「良い方向へ向かわせられる」ことがＦさんにとってのやりがいだったのです。

この辺りにＦさんの、「自動的に年収３０００万円」という目標の先にある真の目的が隠されていそうです。

今度は過去、マップの下の方へ進みます。「なぜその仕事が好きになったのか」のきっかけを探ります。言い換えるなら、人の悩みを解決したり、笑顔にしてあげたりすることが好きだという理由を考えることになります。

Fさんは自分のために頑張るよりも「人のために頑張る」ほうがやる気になれるそうで、周りへの貢献意欲が人一倍強かったことが分かりました。「ありがとう」と感謝される、人の役に立てる仕事がしたいのです。

さらに、なぜ人の役に立つことが喜びになるのか、問い掛けていくことで過去の経験が掘り起こされていくことでしょう。そこでFさんの原点、やる気の源を掘り当てることができるはずです。

一方で、目標を達成したときにどんなことをやりたいかもマップには描かれています。「自由気ままに旅行したい」「みんなで楽しく遊びたい」「おいしいご飯を食べたい」。これらもより明確にしていくことで、目標へのモチベーションアップができることでしょう。

さらに、頭の中を整理するにあたって「Gさん」という個人名が登場。「みんなに慕われている」「努力家」「かっこいい」「知的」「付いていきたい」「芯がある」などなど、Gさんを中心にたくさんの枝が派生しています。

Fさんのマインドマップの一部

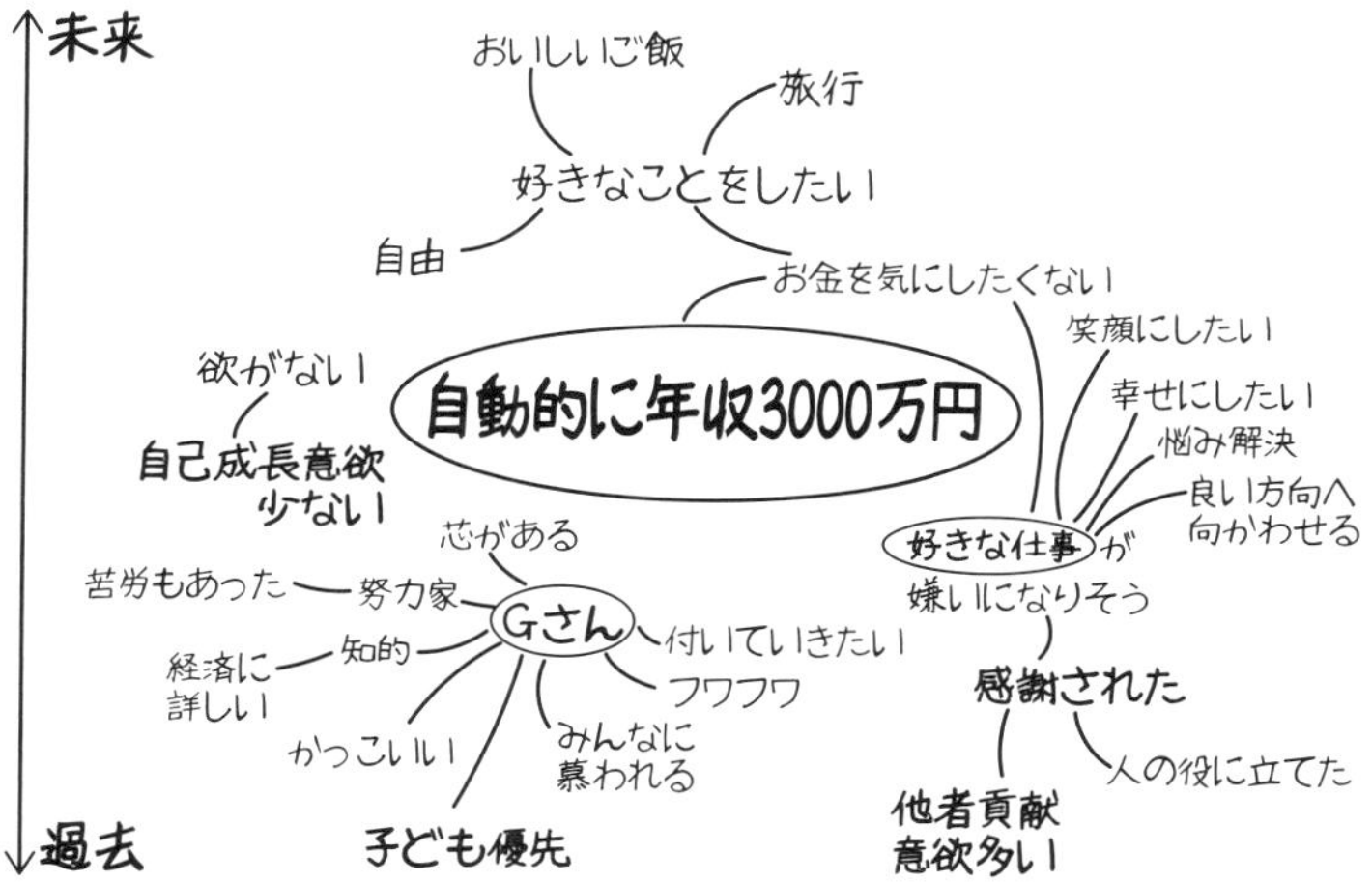

これはFさんにとってGさんが憧れの1人であることを物語っています。つまりGさんの数々の魅力の中に、Fさん自身が目指したい価値観や、目指している理想像が詰まっていることになります。

Fさんのように3000万円という数値的な目標からスタートしても、「感謝される」「慕われる」「みんなでどこかに行く」といった、目標の上にある人生目的をマインドマップで見つけ出すことができます。

数字だけを追い続ける毎日で、何を大切にして生きていきたいのか見えてこない人生だったら、モチベーションを維持したまま目標へ走り続けることはできません。

Fさんのように、マインドマップを通して

脳の中に眠っていた生き様を感じることで、中央に書き記した目標へさらに積極的に向かっていくことができるわけです。

◆使命を掘り当てる

マインドマップは一度やったら終わりではなく、定期的に実践することをお勧めします。人の価値観や生きる喜びは年齢とともに変わっていくものですから、見直しは必要です。自分が、どういうときに幸せを感じる人なのか。マインドマップを通して見つけ出してください。

今回マインドマップを実践したお2人は、どちらも「自由」「笑顔」「悩み解決」など、似たワードが共通して登場しましたが、すべての人のマインドマップが似たようになるわけではありません。彼らとはまったく毛色の違ったマインドマップが完成する人もいます。

さらに時間をかけてじっくり作っていくと、「これだ」と思える納得感のある言葉に出会えます。

それこそが、あなたにとっての正真正銘の価値観、**人生の使命**ともいえる最終目的です。

この使命を探り当て、常に心に抱き、ぶれずに行動できる人は、あらゆる意味で「強い」人だと思います。すなわち、目標達成のスペシャリストとなれることでしょう。

私の場合は「KEY OF LIFE」。「須崎さんがいたから今の私がある」と言ってもらえることが生きがいであり、誰かの人生のキーマンになることを使命として、今できることを尽くしています。Ａ３サイズの紙が真っ黒になるまでマインドマップを描いた末に出会えた言葉でした。

ちなみに、紹介した２つのマインドマップは、私が聞き手となって対話形式で作成しました。このほうが脳を活発にしながら掘り起こしができます。１人でやるよりもより効果的に、効率よく自分の中身を真っすぐ描き出すことができるでしょう。

聞き手がやることは簡単です。出てきたワードに対しひたすら「なぜ」と問い掛けていけばいいだけ。

聞き手と描き手を入れ替えつつマインドマップを作成し、完成したお互いの地図を見せ合うことでも、新しい発見があることでしょう。


（須崎）

コラム mii さんの目標達成術

《体験談を通してヒントを得る》

本章の最後に、私がコンサルタントとしてビジネス支援してきた方に、私と出会った前後の変化とともに、目標を達成するにあたっての心構えや工夫を語っていただきます。

話題はビジネスが中心となっていますが、目標達成術そのものは一般的に通用するものばかりなので、ヒントとなる部分が大きいことでしょう。本書で紹介している目標達成術と合わせて、ぜひ参考にしてください。

mii（鶴岡えみ）　30代　女性
victoria mii ㈱ 代表取締役

◆物販ビジネスとの出会い

私は学生時代に美大を目指していましたが、浪人の末に諦め、やりたいことが見いだせないまま20代を過ごしていました。

「生きていく価値を見失ったまま30代も無為に過ごすことになるのだろうか……それは絶対に嫌！」

そう思い、「自分のやりたいことをやる人生を送ろう！」と一念発起、タイへ移住したのが30歳台初めの頃でした。

しかし結局タイで就いたのは日系の企業で、環境は違えど仕事は日本にいた頃と変わらないまま。

またも人生が失速していく焦りを感じ、さらに新しいことを求め、かねてからの夢だった独立に向けて動き出し、半ば無謀ですが具体案のない状態で勤め先を辞めました。

身軽になり手当たり次第に情報収集、タイで飲食店でもやってみようかな、と思っていた矢先。動画投稿サイトYouTubeを通してインターネットを使ったビジネスのことを知りました。

「これなら時間や場所にとらわれず、自由に仕事ができる」

日本とタイを行き来しながら生活していく人生を何となく思い描いていた私は、さっそくノウハウを吸収しようと、動画を配信しているコミュニティーの方に連絡を取りました。自分1人でやるには知識も腕もないですし、何より人脈を広げたいという気持ちが強かったのです。

コミュニティーの規模は大きく、その中の1人であり多くの実績を出されている須崎さんと話をする機会を得ることができました。これが須崎さんとの出会いのきっかけです。

須崎さんのコンサルティングを受け、インターネットを利用し、商品を仕入れて販売する物販ビジネスの手法を学びました。もともとリサイクルショップで似たようなことをしていたこともあり、「私にもできそうだな」「これなら独立して食べていけそう」と、じわじわとイメージが膨らんでいきました。

◆失敗は気付きを得るチャンス

ビジネス経験ゼロだった私にとって、自力でお金を稼ぐ力をつけることは一筋縄ではいきませんでした。

元来マインドの弱かった私。嫌なことがあったら落ち込みまくり、ジェットコースターみたいに気持ちが上下する、感情の落差の激しいところがありました。ビジネスノウハウそのものよりもまず、マインド面を鍛えることが私にとって最大の課題だったのです。

須崎さんをはじめ、コミュニティーで結果を出されている方々と交流していくうちに、常に前向きな気持ちになれる方法が何となく見えてきました。これが私にとって大きな財産になったといえます。

悪いこともとらえ方次第で良い方向に考えることができる。自分に何か気付きを得させるために、想定外のことが起きてくれている。シンプルな結論ですが、これらに気付いてから私のビジネスは一気に加速したと思います。

彼らのポジティブ思考をひたすら真似ることを心掛け、習慣化し、体に染み込ませていったのです。

結果が少しずつ出はじめ、今は十分この事業でやっていけるだけの基盤が確立し、会社を起こすこともできました。タイと日本のデュアルライフも実現できるまでに至ったのです。

現在は仲間作りに明け暮れる日々。私のように独立して自由を得たい方々の支援活動や資産形成アドバイスも行っています。

◆白黒つけられる目標を

須崎さんたちとの出会い、そして独立を通して学んだことは、月並みな言葉ですが「諦めなければ夢や目標は達成できる」ということ。

夢や挑戦や目標というものは、結局は脱落ゲームで、途中で諦めた人は達成できないですし、諦めずに続けた人が叶《かな》えられるのが真理と学びました。

続けていくには気持ちが大事。周りにたくさんの仲間がいることで、より諦めずに続けていけるのは間違いありません。

目標設定に際しては、必ず「達成できた」「達成できなかった」が判定できるようにしています。私のしている物販ビジネスであれば、毎日の出品数や売り上げ数など、きちんと数値化して目標にするということです。

このような目標設定をしておけば、自分の現在地が一目で分かりますし、「これだけこなせばこれだけの結果が出せるんだ」という感覚がつかめます。このコツが見えてくれば、結果から逆算して日々やるべきことが見えてくるのです。

◆「やる系」罰ゲームでやる気を上げる

ただ、毎日数字だけこなしていく毎日はつまらないので、ここは工夫が必要です。日々の作業を楽しくするためのアイデアを持ちながら目標達成に挑んでいくほうがいいでしょう。これについてはきっと本書で清水さんや須崎さんがたくさんのアイデアを紹介されているはずです。

1つ、私の目標達成術もお教えしましょう。

とにかく自分を追い込まないと動かない私は、目標達成できなかったときの罰ゲームを設定しています。

罰ゲームには大きく、「失う系」と「やる系」の2つがあります。

「失う系」は、達成できなかったら大切にしているコレクションを売ったり、趣味の1つをやめたりするといったもの。

「絶対に失いたくない」という気持ちをエンジンに目標達成を目指すやる気アップ術なのですが、失ったときのつらさを考えると気持ちが沈んでしまうこともあります。

この方法で頑張れる人もいるでしょうが、私には合っていないやり方です。

そこで私はもう一方の「やる系」罰ゲームにしています。

私は恥ずかしいことをするのが嫌いなので、目標達成できなかったら恥ずかしいことをやるという罰ゲームを課しています。たとえば「駅前でコマネチをする」といった罰ゲームです。

死んでもやりたくないことですが、目標達成できなかったときは、死にたい思いを我慢してきちんとやることにしています。

もう1つ目標達成のためのモチベーション作りとして、周りの人を巻き込むようにしています。

もし達成できなかったら、周りの人が困ってしまう。だから、彼らのために頑張る。

そんな目標を掲げるようにしています。

独立支援を事業の柱としている私は、自分が結果を出すのは第一として、周りの人たちが路頭に迷うことのないよう、責任を持って導いていくことが使命です。今後も、周りの人たちが安定した収入を得て、いつも笑顔でいられる人生が送れるよう、頑張っていきたいと思います。

昔の自分だったら考えられない、前向きな気持ちで今を生きています。須崎さんたちのコミュニティーで学んだことが生かせた結果です！

第4章

正しい目標達成テクニック

CONTENTS

1 マンダラートで目標集め

◆「達成できないわけがない」目標作りへ

第3章は自己の掘り下げや分析による目標の見つけ方でしたが、本章ではいよいよ、掲げた目標を成し遂げるまでの過程についての話になります。

といっても、やること自体は簡単です。**目標を細分化し、より実践的にブラッシュアップして、事前対策をしっかり行い、目標に向けての計画を立てていく**という、王道ともいえる方法です。これを第3章に続いて誰でもできるワーク形式で進めていきます。

いわば**「達成できないわけがない」**という状況にまで目標を追い込んでいく必勝テクニックです。

一つ一つのワークを丁寧に説明していくので、時間のかかりそうな大変な作業に感じるかもしれません。

確かに慣れは必要ですが、実際にやってみるとそこまで時間はかかりませんし、楽しく有意義な気持ちで取り組めるでしょう。

最初のうちは本書を片手にじっくり臨んでみてください。慣れてくれば、目標の更新作業をしたいと思ったとき、ちょっとした空き時間にてきぱきと行うことができるはずです。

それではさっそく始めましょう。まずは**「マンダラート」**からです。

◆大谷選手はこうして目標を達成した

マンダラートとはデザイナーの今泉浩晃氏によって考案された発想法で、二刀流で有名なプロ野球選手、大谷翔平選手も実践している目標達成法です。その他にも多くの成功者、目標達成成遂行のスペシャリストたちがマンダラートを支持しています。

全81個のマスに目標を埋めていく方法なのですが、そのやり方がシンプルかつ取り組みやすく、思考整理法としても、第3章で紹介したマインドマップと並んで優れています。

大谷選手を例にすると、彼は高校時代に「ドラフト1位8球団」という目標を立てました（148頁参照）。野球に詳しい人なら分かるでしょうが、これはすさまじく高い目標で、まさに雲をつかむような話です。

この目標を掲げるには相当の覚悟と実力が必要になります。そして何よりも、目標達成のための確固とした計画を打ち立てなければなりません。

4

大谷翔平選手が花巻東高校１年時に立てた目標達成表

体のケア	サプリメントをのむ	FSQ 90kg	インステップ改善	体幹強化	軸をぶらさない	角度をつける	上からボールをたたく	リストの強化
柔軟性	**体づくり**	RSQ 130kg	リリースポイントの安定	**コントロール**	不安をなくす	力まない	**キレ**	下半身主導
スタミナ	可動域	食事 夜7杯 朝3杯	下肢の強化	体を開かない	メンタルコントロールをする	ボールを前でリリース	回転数アップ	可動域
はっきりとした目標、目的をもつ	一喜一憂しない	頭は冷静に心は熱く	**体づくり**	**コントロール**	**キレ**	軸でまわる	下肢の強化	体重増加
ピンチに強い	**メンタル**	雰囲気に流されない	**メンタル**	**ドラ１ 8球団**	**スピード 160km/h**	体幹強化	スピード 160km/h	肩周りの強化
波をつくらない	勝利への執念	仲間を思いやる心	**人間性**	**運**	**変化球**	可動域	ライナーキャッチボール	ピッチングを増やす
感性	愛される人間	計画性	あいさつ	ゴミ拾い	部屋そうじ	カウントボールを増やす	フォーク完成	スライダーのキレ
思いやり	**人間性**	感謝	道具を大切に使う	**運**	審判さんへの態度	遅く落差のあるカーブ	**変化球**	左打者への決め球
礼儀	信頼される人間	継続力	プラス思考	応援される人間になる	本を読む	ストレートと同じフォームで投げる	ストライクからボールに投げるコントロール	奥行きをイメージ

（注）FSQ、RSQ は筋トレ用のマシン　（出典）スポーツニッポン

そこで彼は、「ドラフト1位8球団」を中心として、「スピード」「コントロール」「変化球」といった8つの「目標達成に必要なピース」を設定しました。この中には、野球の技術的なものだけではなく、「人間性」や「運」といったピースが含まれていたそうです。

さらに大谷選手は、これら8つのピースをより詳しい実践的なものへと分解させています。

これも全部で8つです。たとえば「コントロール」であれば、「不安をなくす」「体を開かない」「下股の強化」などでした。

これら実践的な目標を引き出し、取り組んできたことで、大谷選手は「ドラフト1位8球団」級の、いやそれ以上の結果を得ることができ、今や世界中に知られた超一流プレイヤーにまで成長しました。

中央に「ドラフト1位8球団」を据え、そこから8方向に広がるようにピースがちりばめられ、より実践的な目標が各方向8つ、自然な思考過程で生み出される。これがマンダラートの優れたところです。

◆中心から生み出される8つのピース

それでは視覚的に、実際に手を動かしながらマンダラートで目標達成法を身に付けていきましょう。

まずは中心に掲げる大枠の目標です。これがまだ見つかっていない方は第3章に戻り、ライフラインチャートやマインドマップの作業を経て、自分が達成したい夢や目的を見つけ出し、それらを叶《かな》えるための目標作りをしてみてください。

中心の目標はぼんやりとした抽象的なもので構いません。それを実践的に仕上げていくのがマンダラートなのですから、スタート目標はぼやけていても大丈夫です。

第2章で清水さんが推奨している目標「温かい人になる」をまず中心に置いてもいいでしょう。

結婚願望が強い方なら「理想の相手と出会う」もいいでしょうし、年収アップを望むなら「年収〇〇〇万円」と、大まかな金額を書き込みます。

もう少し具体的な目標にしたいなら、「〇〇の資格を取得」「腹筋を6つに割る」「家族と年1回海外旅行」といったものでもよいです。

あまり深くは考えず、自分がなりたいもの達成したいものを自然に表現してください。

「温かい人になる」を達成目標としたマンダラートの例

話し方を変える	コミュニケーション方法を見直す	マイナス思考を変える
スキルアップ	温かい人になる	家族や友達との時間を増やす
早寝早起き	身近な人への支援奉仕活動	自己投資

ここでは「温かい人になる」を例にとってみましょう。上図のように、「温かい人になる」を中心として8つのピースを考えて埋めてみました。

あくまで一例なので、すべての人がこのピースになるわけではありません。**直感的に、自分にとって必要であるものを8つ書き出しましょう。**もちろん逆に、他の人のものを参考にし、真似てみるのも正しい方法です。

ただし、マスが埋まらないから苦し紛れで書くのではなく、自分が「いいな」と感じたもの、「今の自分に必要だな」としっくりきたものを入れましょう。

この9つのマスの完成が、マンダラートの第1ステップです。あまり時間をかけず、4

第一ステップの８マスを新たな目標へ分解

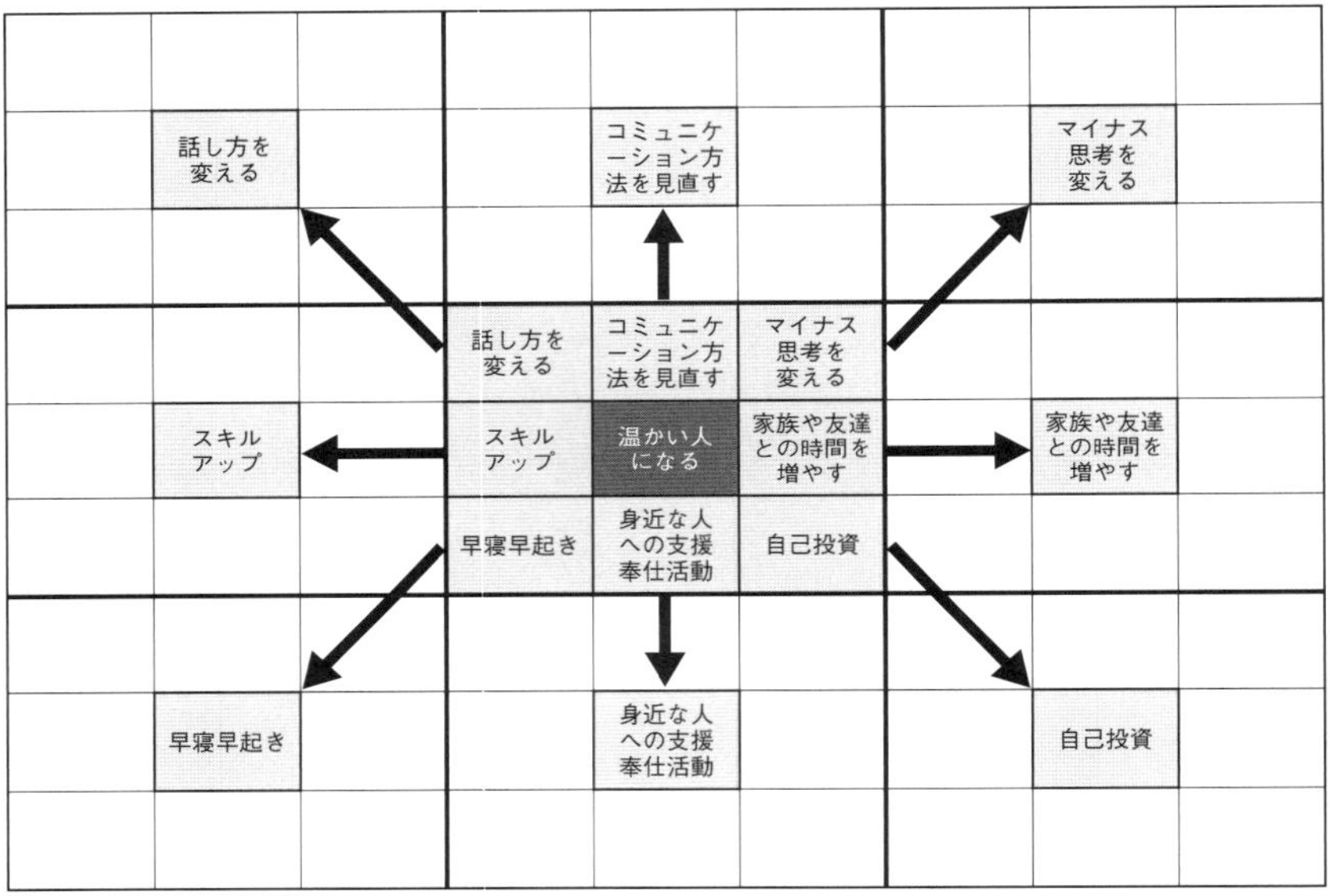

分以内くらいを目安にして埋めましょう。

◆あいまいなものを実践的なものへ

続いて、８つのピースをさらに深掘りし実践的な目標へ波及させる段階になります。

埋めた９つのマスを中心に、さらに９つのマスを計８つ作ってください（上図）。

各ピースを中心に書き写して、さらに８つの目標へと分解していくワークとなります。ピースごと、左上

さらに８つに分解した要素

お腹に力を入れて話す	相手の目を見る	身ぶり手ぶりを入れる						
かっこつけず自然体で話す	話し方を変える	強弱や速度を意識する		コミュニケーション方法を見直す			マイナス思考を変える	
会議のときは事前に話すことをイメージしておく	会議で積極的に発言する	自分の発言に自信を持つ						
			話し方を変える	コミュニケーション方法を見直す	マイナス思考を変える			
	スキルアップ		スキルアップ	温かい人になる	家族や友達との時間を増やす		家族や友達との時間を増やす	
			早寝早起き	身近な人への支援奉仕活動	自己投資			
	早寝早起き			身近な人への支援奉仕活動			自己投資	

から時計回り順で埋めていくのがオーソドックスですが、あまりルールにとらわれ過ぎず、**自分の書きたいように書いていく**ことを心掛けましょう（上図）。

ぼんやりとしたものが明確なものへと昇華され、**頭の中に描く目標達成イメージがよりクリアになっていく**ことでしょう。

もしこの段階になっても、実践的なアイデアを引き出すことができないのだとしたら、あなたはそのピースにおいて技術や知識の面で足りない部分があるということです。今後より深く勉強したり、他の人からア

マンダラートの完成図

お腹に力を入れて話す	相手の目を見る	身ぶり手ぶりを入れる	相手が話しているときによく相づちを打つ	リアクションは感情を出す	相手の趣味に興味を持つ	落ち込んでも笑顔を忘れない	今に感謝する	「めんどくさいな～」と思う癖をやめる
かっこつけず自然体で話す	話し方を変える	強弱や速度を意識する	表情を意識する	コミュニケーション方法を見直す	大事なことはメールなどではなく直接伝える	失敗を経験として生かす	マイナス思考を変える	イライラしても人に当たらない
会議のときは事前に話すことをイメージしておく	会議で積極的に発言する	自分の発言に自信を持つ	相手の言動を真似る（共感を演出する）	苦手な人を食事に誘ってみる	苦手な人のいいところを探してみる	失敗したら反省点と改善点をメモ	メモしたら失敗の落ち込みとサヨナラする	成功したら自分をめちゃくちゃ褒める
次の日にすべき仕事をメモする	すべきことに優先順位をつける	仕事関連の専門書を読む	話し方を変える	コミュニケーション方法を見直す	マイナス思考を変える	週末は家族全員で食事	年２回は家族と旅行	同僚をランチに誘う
将来につながる資格を調べてみる	スキルアップ	机周辺の片付け	スキルアップ	温かい人になる	家族や友達との時間を増やす	息子とサッカーの練習をする	家族や友達との時間を増やす	妻と買い物へ行く
エクセルの使い方を覚える	興味のなかったことに触れてみる	仕事が上手な人のやり方を真似る	早寝早起き	身近な人への支援奉仕活動	自己投資	しまいっぱなしのバイクをメンテナンス	バイク仲間と月１回はツーリング	同窓会を開催する
12時までには布団に入る	６時半までに起きる	夜遅くまでネットサーフィンしない	朝のゴミ出し	後輩の世話	息子のサッカーの応援	勉強会に参加する	週１冊ペースで読書をする	資産運用について調べて実践
休みの日もリズムを崩さない	早寝早起き	定時帰りを目指して逆算でスケジューリング	守衛さんに元気よく挨拶	身近な人への支援奉仕活動	募金	寝心地のいい寝具を買う	自己投資	尊敬する人に会いに行く
カフェイン摂取を抑える	寝起きに目薬	寝る前のアルコール禁止	町内清掃に参加	オフィスの共用棚の整理	差し入れ	月１ペースで美術館へ行く	定期検診	スーツ新調

ピースごとに８つずつ、実践的なアイデアを書き入れていきましょう。

ドバイスを得ることを意識し、それらから得たものを実践的な目標としてマスに書き込んでいってください。

作業時間は、各ピースやはり4分以内が手頃です。合計して81個のマスを埋めることになり、30分程度を要します。

たったこれだけの時間で、あなたの目標がより明確化し、今すぐに実践でき、中心に置いた大きなゴールへと距離を縮めることができるのです。

完成したマンダラート（上図）は大切に保管し、**定期的に見返しま**

遂行したもの、すでに習慣として定着したもの、新たに追加したいものができたら、**入れ替えることも忘れずに行いましょう。**

◆今達成すべきことを絞り込む

以上のマンダラートによる手作業は、目標の材料集めです。

埋まったたくさんの実践アイデアすべてを、一気に目標として掲げておくのは大変ですよね。頭のキャパシティー的にも時間的余裕から見ても無理だといえます。

ですので、より**今のあなたにフィットした、必要性かつ実現性の高いものだけに絞って、直近で達成する目標に設定しましょう。**数としては多くても10個程度にとどめておくのがよいです。

このステップが、本章でこれから紹介していく、目標の細分化や、デイリー目標やマイルストーンのセッティングなどにつながっていきます。

ちなみに、完成した**マンダラートは、できれば他の人と共有し議論し合うことを**推奨します。身近にいる人でもいいですし、尊敬する人や目標としている人に見てもらうとより収穫が得られます。周りから客観的な意見をもらいフィードバックさせることで、よりあなたが成し遂げるべきことのターゲットが絞られ、さらに達成への道のりが近くなります。

2 目標の細分化でより具体的に

◆ 3分割で中継ポイントを設定

あなたが達成する具体的な目標が見つかったところで、今度は**目標の期日を見据え、細かく刻んで中継ポイントを確立**していきましょう。目標の細分化です。

細分化は細かいほどより明確になりますが、まずは**3つに刻んでみてください。**

たとえば資格取得のため「300ページのテキストを読破する」という目標を立て、60日間で達成させようと思ったら、20日間ごとに刻みます。すなわち、「最初の20日で100ページまで到達」という1つ目の目標中継点、「40日目には200ページまで到達」という2つ目の目標中継点、「60日目には300ページまで到達」という最終目標を達成できます。

ここからさらに細かくし、1日ごとの超短期目標を立てるなら、1日5ページとなります。これを**デイリー目標として毎日こなし、チェックする**ことで、「目標が達成できないわけがない」状況を作り上げることができるのです。後ほど詳しく説明します。

数値化できる目標なら割り算で中継点をたやすく設定できますが、そうではない抽象的な目標もあります。

たとえば「バタフライで泳げるようになる」という最終目標なら、どのように分割できるでしょうか。

第1段階は「足の動かし方を習得」するため足の練習に励み、第2段階は「腕の動かし方を習得」するため腕の練習、最後に足と腕を同時に動かして最終目標を達成、というように分割ができます。

目標を3分割した後、「足の動かし方を習得するために今日は何をするべきか」を考え、毎日練習していくべき項目を練り実践していけば、円滑にバタフライ習得への道を歩むことができます。

◆後回し回避

目標の細分化は実にシンプルで、かつ最終的な目標を達成していく上で行うべき当たり前の作業なのですが、残念ながらできていない人が多いのが現状です。

学生時代の夏休みの宿題を思い出してみてください。あなたは宿題の全体を夏休みの日数で割り、毎日どの程度の分量を進めていくか、きちんと計画を立てていたでしょうか。

嫌なことは先にやるタイプならいいのですが、後回しにしてしまうタイプだと悲惨です。夏休み終了間際は、睡魔と戦いながら必死に宿題をやることになります。

「これまで期日を設定しても後回しにしがちで、きっちり間に合わすことができなかった」

「目標はあるけれど、他のことが目に入ってついつい目標へのアプローチを怠ってしまう」

という方は、よりこの細分化を徹底的に意識して行ってください。

3 4つの視点でモチベーションアップ

◆達成したくて仕方がなくなる！

目標に向かって走り出したくても、モチベーションが下がってきてやる気が起こらないこともあります。これが頻繁に発生しているなら、いつまでも同じ場所に留まり続けることになり、目標達成には至れないでしょう。

なぜやる気が起こらないのか。それは、目標を達成することばかりに気持ちがいってしまい、目標を達成した先に待つ多くの「収穫」のことを考えていないからです。

第3章でライフラインチャートを基に行った自己分析を思い出してください。あなたがこれまで「満足できたこと・うまくいったこと」というのは、目標そのものよりも、目標の先に待っている嬉しいことや楽しいことがあったからこそ、頑張ることができ、達成に至れたのではないでしょうか。

目標の先で得られる価値を明確にしておくこと。これが、目標達成に対するモチベーションを生み出してくれるのです。

これから紹介するワークを実践することで、あなたはきっと目標を達成したくて仕方がなくなるはずです。コツは、「4つの視点」から目標達成のイメージを固めることです。

◆その後の姿を想像しよう

4つの視点とはすなわち次の4つです。

① **自分が得る物質的価値**
② **他者が得る物質的価値**
③ **自分が得る精神的価値**
④ **他者が得る精神的価値**

百聞は一見に如かず。これも実際に例をご覧になると理解しやすいです。

ある会社に勤める営業マンが立てた目標は「営業ノルマ達成（契約30件、売上1千万円、3カ月以内）」です。

このように**目標はできるだけ数字も書き込んで、より明確にしておく**のがベターです。**期日も添えましょう。**

次に、目標を達成したら得られる価値を先ほどの4つの視点で切り分けます。やや想像力を要しますが、難しいことではないですし、イメージすることで豊かで楽しい気持ちになれ、達成したいという熱意が増します。

目標を立てたら、まずは4つの視点です。この習慣を身に付けましょう（163頁図参照）。

①自分が得る物質的価値

目標達成後にあなたが得られる形のある見返りを挙げていきます。例では、成約に伴い、特別な報酬が受け取れ、さらにその報酬で買い物や食事に行くことを価値として書き出しています。

目に見える形での見返りなくして、目標へ動くことはできません。目標達成で直接得られるものは何か、さらにそれを使ってどんなことができるのか。詳細に書き出し、自分がそれを実行している姿をイメージすることが、モチベーションアップにつながります。

②他者が得る物質的価値

目標の達成によって自分以外の人や組織に与えられるメリットを書き入れます。例では、商品やサービスに触れたお客さまのメリットや、会社の売り上げアップ、会社の仲間や家族への還元を挙げています。

自分以外の誰かのために目標達成を目指すのも、積極的な行動へと駆り立てる重要なガソリンの1つです。というよりも、社会や他者への貢献こそ、一番のモチベーション維持につながるという人がほとんどではないでしょうか。

③自分が得る精神的価値

達成感、自信、向上する技術、感情、経験、体験などに紐づいたものを書き入れます。

成功体験ほど価値の高いものはない、という考えを持つ人もいるくらいです。成功体験は自信を生み出し、人生の印象的な記憶の1つとなり、将来を大きく左右する要因になります。

目には見えないですが、絶大な価値をあなたにもたらしてくれます。これをきっちりイメージして、些細《ささい》なことでもいいのでできるだけ多く挙げてください。

④他者が得る精神的価値

社会にどんな影響を与え、周りの人にどんなプラスの感情や思い出を与えられるか、想像力を豊かにして考えてみましょう。

アイデアを出すコツとしては、物質的価値で書き出した周りへの価値、これら有形のメリットによって、彼らがどんな感情を抱くかを考えてみてください。

身に付けるべき４つの視点

（縦軸：物質的／精神的　横軸：自分／他者）

物質的・自分
- 成功に応じて臨時手当をゲット！
- 欲しかったシティバイクを買う
- 月に１回大好きな中華料理店で高級コース料理を食べる

物質的・他者
- お客さまにとって必要な商品＆サービスをご提供
- 会社の売り上げアップ
- 同僚や部下を誘って飲み会（私のおごりで！）
- 家族と温泉旅行

精神的・自分
- 達成したことが今後の自信の源になる
- お客さまの喜ぶ姿に元気づけられる
- 会社から感謝され、評価が高まり、信頼も厚くなる
- 同僚や部下との絆が深まる

精神的・他者
- お客さまの生活がより豊かになる
- 会社のフォロワーが増え知名度アップ
- 飲み会で笑顔で乾杯、お互いの絆を深め合う
- 家族が温泉でゆったりできて満足

物質的にしろ精神的にしろ、**周りへの価値付与が、巡り巡って将来の自分への財産となってくれます。**周りがあなたの支援者となり、今後もあなたの目標達成を手伝ってくれる強い味方であり続けてくれますし、将来困ったことがあったときは助けてくれるはずです。

以上の４つの視点での目標達成に伴う価値は、文字に書き起こすことであなたのパワーの源となります。「何としても達成したい」という気持ちが強まっていきます。

完成した４つの視点を適度に見返して、モチベーションを保つことを心掛けてください。

◆止まらないワクワク感

目標達成に際して、ここまで想像を展開させる機会は、もしかしてこれまでなかったかもしれません。

多くの人は自分のこと、とくに物質的な見返りだけに限ってイメージしがちです。これだけだと、目標達成へのワクワク度が足りないこともあり、モチベーションが持続できないのです。

自分のことだけでなく、他者のことも含めた、物質面と精神面での4つの視点を持つことで、目標達成へのモチベーションを保つことができます。大きな目標を掲げるたびに、ぜひ実践してください。

イメージ力を鍛えるコツとして、清水さんの第5章「楽しみながら『結果を出す』までの5段階」も参考にしてみてください。よりワクワク度を高めるアイデアが詰まっています。

4 問題の想定&対策で達成率アップ

◆備えあれば憂いなし

目標を細分化し、目標達成へのモチベーションアップも行ったので、いよいよ目標へ向けた具体的な計画立てをしていく段階になります。

ここでもう1つ実践しておきたいことがあります。

目標に向けていかに緻密な計画を立てたとしても、問題発生というのはつきものです。そしてこの問題自体が想定できていたものであるか、予期せぬものであったかで、対処の正確性や迅速性は大きく変わり、目標達成への道のりも大きく差が出てきます。

問題への準備ができていない人は、思いがけない問題に出くわした瞬間に心が折れてしまい、行動をストップさせてしまいがちです。

成果を出せている人は、事前に起こりそうな問題を想定し、対策方法を練っています。

ここでは、問題を事前想定し、いざ問題が起きてしまっても柔軟に対応し、軌道修正するための方法を紹介します。問題想定力と対応力を磨きましょう。

4

◆自己分析から問題点を抽出

核となるのは次の4つの状態です。

①メンタル

②スキル

③フィジカル

④サイクル

ここで活用したいのが、第3章で実践した**ライフラインチャート**と**自己分析**です。そこで抽出した「満足度の高かったこと・うまくいったこと」と「満足度の低かったこと・うまくいかなかったこと」の各共通点を、問題想定と事前対策に生かすことができます。

ライフラインチャートや自己分析をしなくてもできるワークではありますが、一度は人生を振り返っておかないと、自分の強み弱みというのは見えてきません。未着手の方は、第3章に戻って、ぜひライフラインチャートの作成と自己分析を行ってください。

それでは、4つの状態において、問題を想定していきましょう。気を付けるべき点をいくつか挙げます。

①メンタル

目標達成において、妨げとなりそうな気持ちや精神状態を想定します。自己分析から判明した、うまくいっているときの精神状態とうまくいっていないときの精神状態を参考に、どういったメンタルに陥ると「負けパターン」コースへ進むことになるか、書き留めておくことが大切です。

②スキル

自分に足りない知識や技術がないかを確認し、それらによって引き起こされる問題を考えます。心と同様に、うまくいったときとうまくいかなかったときをヒントにして組み立てていくといいでしょう。スキル不足による問題発生は、目標達成においては致命的ともいえますから、スキルはより具体的にまとめておいてください。

③フィジカル

過去でうまくいかなかったときの健康状態を参考に、体調不良によって引き起こされる問題がないか考えます。

気を張り過ぎて気付かないうちに疲れを蓄積していたり、悪環境に身を置いてしまって体調を崩したりなど、これまで意識していなかった失敗要因が過去の体験に残されている

4

かもしれません。これらをきちんと書き出しましょう。

④サイクル

生活習慣によって、目標達成が阻害されていないかを見直します。

試験に向けて猛勉強、昼夜逆転生活を送っていたら、いざ本番のとき早起きするのがつらく、本来の力を発揮できなかった。こんなことになってしまったら最悪です。こういった悪い習慣要因がないか、いま一度生活を見返しておいてください。

以上の4つの状態から問題を想定していきます。言葉だけでは伝わりにくいところもあるので、サンプルも参考にしつつ、あなたなりの問題想定を実践してください。

◆問題と対になる対策案

問題の抽出ができたら、各問題への対策を練る段階に入ります。

過去のうまくいった体験やうまくいかなかった体験の反省点を参考に、勝ちパターンへと持っていける方法を考えましょう。

対策方法は、大きく分けて次の2つがあります。

問題想定と対策の例

目　標	営業ノルマ達成（契約30件、売り上げ1千万円、3カ月以内）

	想定できる問題	事前対策
メンタル	訪問営業でなかなか成果が出ず、心がくじけてしまう。	先輩に相談し、ノウハウを吸収したり、落ち込まずに気持ちを保つ方法を学ぶ。
スキル	資料の作成が思うように進まず、満足なプレゼンができない。	資料作成の本を買って参考にする。どうしてもできないところはパソコンの得意な鈴木さんに教えてもらう。
フィジカル	緊張して腹痛が起こる。仕事のことで頭がいっぱいになり、疲れがうまく取れず体調を崩す。	営業前はあまり食べ過ぎ飲み過ぎをしない。腹痛止めの薬を常備する。頭のオンオフの切り替えを意識し、仕事後は運動を取り入れる。
サイクル	食事をカップラーメンやファストフードで済ますため、体重増加、肌荒れや便秘など不健康になってしまう。	食事の時間はきちんと確保。栄養バランスのいいものを1日1食は摂取する。肌荒れや便秘に効きそうな薬をあらかじめ買っておく。

①問題ができる限り起きないように行う事前対策

②実際に起きてしまっても慌てず迅速に対応できる対策

問題想定と事前対策（上図）は、いわば対となった鏡のような関係なので、問題抽出がうまくできていれば、対策方法は自ずと見えてくるはずです。

自分にできないことは人に頼ったり、足りない知識や技術は早い時期から吸収したりしていき、悪い習慣は直すよう意識して生活すればいいのです。これらは決して難しいことではありません。

ここで編み出された対策が、次に紹介するデイリー目標やマイルストーンに入ることもあります。なるべく具体的に、すぐ対策行動ができるように書き留めましょう。

5 仕上げの行動計画表

■目標を日別に切り分ける

いよいよ目標達成へ向けた総仕上げです。**行動計画表を作成して、自分が毎日やるべきこと、意識すべきことを明確に見える化**します。

ここまでのワークを通して導き出してきた、自分にとって今必要な大小さまざまな目標を、行動計画表へ格納するワークです。

項目は大きく分けて**「デイリー目標」「マイルストーン」「サポート要請」**の3つです。

サンプルも参考にしつつ、以降の説明を読み進めてください。

◆デイリー目標

デイリー目標とは**日々の「ToDo」目標**のことで、**日々繰り返し行っていく具体的な行**

達成目標	10月15日までに契約30件、売り上げ1千万円のノルマを達成する。
	9月15日までに体重を3キロ減らす。

デイリー目標

月曜日・水曜日・金曜日、新規営業1日20件。
電車移動中に情報収集＆アイデア出し。
野菜を積極的に食べる。
火曜日と木曜日の昼食は炭水化物を抜く。
仕事帰りは1駅分歩く。
土曜日と日曜日はジョギングもしくは息子と運動を最低30分する。

動を設定します（上図）。

これらの行動は、あなたが打ち立てた最終的な目標の達成に近づくための要素となっている必要があります。もし続けていく中で効果を感じられなかったら、他のデイリー目標と入れ替えるようにしましょう。

数字にできるところは必ず**数字で表現**し、達成できたかどうかが客観的に判定できる行動にするのがベストです。「週に1回〇〇する」といった何日か置きの目標でも構いません。**必ず言い切りの「する」で終わるように書く**のもポイントです。

制限時間を設けるべきところは、きっちりと書き込んでおきましょう。

◆マイルストーン

マイルストーンとは**期日までにこうなっているとい**

マイルストーン

7月18日	鈴木さんを昼食に誘い、パソコンについて分からないことがあったら尋ねるかもしれない旨を伝える。
7月19日	先輩の営業に同行し学びを得る。
7月19日	資料作成に役立ちそうな本を買う。
7月22日	鈴木さんに、パソコンの使い方で分からないところを尋ねる。
7月31日	プレゼン用資料作成が終わる。
8月5日	体重が１キロ減っている。
8月15日	この日までに10件成約。
8月25日	体重が２キロ減っている。
9月10日	家族で行く旅行先を調べておく。
9月15日	この日までに20件成約。
10月6日	家族旅行のプランを具体的に練る。

う「状態」の目標のことで、目標を細分化して**中継ポイント**を設定します（上図）。

必ず守ってほしいのは**期日を入れる**ことです。デイリー目標の積み重ねによって達成される目標や、その日までに必ずやっておきたいことを記入しましょう。

◆サポート要請

行動計画の中には、自分の苦手なものや、自分１人では達成困難なものもあることでしょう。

そういったものは、１人で抱え込まず、協力者にお願いするに限ります。

同僚や同級生、上司、先生、親、友達。**適切な支援者を探して、どういった行動をお願**

サポート要請

鈴木さんに「パソコンの使い方を教えてください」とお願いする。
先輩に「営業に同行させてください」とお願いする。
息子に「一緒に運動に付き合ってください」とお願いする。
妻に「夕食は野菜を多めにしてください」とお願いする。

いするのかを具体的に設定します（上図）。そして忘れず、彼ら**支援者にお願いしたい内容を直接伝える**ようにしてください。

ここで注意したいのは、お願いするだけではなく、逆にこちらが**彼らのためにできる支援活動がないかを考える**ことです。本書でも何度か登場している「こちらが先に価値を提供する」という発想です。

こちらが先に支援の心を行動にすれば、相手も自然とこちらに協力したくなるもの。目標達成したときの喜びを一緒に分かち合える支援者を、周りにたくさん作っていきましょう。

目標達成が得意な成功者というのは、このような「周りを巻き込む力」が優れています。あなたもぜひこの能力を育てていってください。

6 〇×チェックで目標達成へ一直線

◆日々の達成を可視化

目標達成のための最終行程です。完成した行動計画表を、毎日確認するためのチェック表へと落とし込みます。

次頁図のように、行動計画で決めたデイリー目標を縦に並べ、横には日付を書き入れます。

後は単なる〇×チェックです。その日に達成できた行動には「〇」、できなかった行動には「×」を書き入れています。

毎日やる必要のない行動はあらかじめ塗りつぶしたり「―」などのマークを入れたりしておきましょう。

これだけの作業なので、毎日が忙しい人でも手間取られることなく続けていけるはずです。

気を付けたいことは、**必ず「〇」か「×」のどちらかを書くこと。中間の「△」のよう**

行動計画の○×チェック表

デイリー目標	月曜日・水曜日・金曜日、新規営業1日20件。
	電車移動中に情報収集&アイデア出し。
	野菜を積極的に食べる。
	火曜日と木曜日の昼食は炭水化物を抜く。
	仕事帰りは1駅分歩く。
	土曜日と日曜日はジョギングもしくは息子と運動を最低30分する。

○×チェック																		
月	8																	
日	1	2	3	4	5	6	7	8	9	10	11	12	13	14			30	31
曜　日	木	金	土	日	月	火	水	木	金	土	日	月	火	水			金	土
新規営業	-	○	-	-	○	-	○	-	○	-	-	○	-					-
電車移動	○	○	-	-	×	○	○	○	○	-	-	×						
野菜摂取	○	×	○	○	×	×	○	○	○	×	○							
炭水化物抜き	○	-	-	-	-	○	-	○	-	-	-	-		-				
1駅分歩く	○	○	-	-	×	×	○	○	○	-	-	○						
運動	-	-	○	×	-	-	-	-	-	×	○	-	-	-				-

チェック項目は多くても10個前後がいいでしょう。適度な見直し・入れ替えは忘れずに行いましょう。

4

な結果はあり得ません。

たとえば「テキストを5ページ読む」というデイリー目標を立てていて、その日4ページしか読めなかったとしたら「×」にします。ここは厳しめの評価を付けましょう。これが、期日までに目標をきっちり成し遂げるための大切なスタンスです。

毎日付けていくことで、日々の達成度合いが可視化されます。「○」がたくさん並んでいたときの光景は壮観で、「よく頑張っているな」と自信にもつながっていきます。

◆忘れず見直し

○×チェック表は日々書いていくだけで満足してはいけません。定期的に全体を見渡し、現在の自分の達成度を確認し、最終的な目標へと正しく進めているかどうか、各デイリー目標の効果が出ているかどうかを判断しましょう。

毎日「○」が続いていても、**目標達成のためには必要ではないと感じる行動があったなら、他のデイリー目標と入れ替え**てください。

逆に「×」続きの行動が見つかったら、この**デイリー目標が最終的な目標達成に不可欠かどうかをいま一度精査**します。必要でなければ、これも入れ替えてください。

必要だと感じたら、今後「○」続きへ変えていくためにはどうすればいいか、日々の生活や他のデイリー目標とのバランスを見直してみましょう。

効果のあるデイリー目標のうち、「○」が何日も続き、意識せずとも習慣化できるようになっていたら、それはもうあなたの価値観に組み込まれていて、豊かな人生を送る上で欠かせないものとなっています。デイリー目標から外して、次の新しい目標を迎え入れてください。

新しいデイリー目標を見いだしたいときは、原点に戻ってください。

自己分析の表やマインドマップを見返して更新したり、マンダラートにもう一度取り組んだりしてみましょう。あなたに必要な新しい課題や目標が見えてくるはずです。

◆達成へ着実に歩を進める

以上が、目標達成を成し遂げるまでの全プロセスです。

この通りに実践していただければ、あなたは必ず目標を達成できます。目標へ向けて、中継スポットを正しく設定し、○×チェックで一歩一歩着実に距離を縮めているのですから。

日々小さな達成感と成功体験をかみ締めて、目標達成の道を歩んでいってください。

次章はいよいよ最後の章です。本書の総まとめとして、清水さんに再びメンタル面からのアプローチをしていただきます。

目標をより楽しくワクワクしながら達成していく術を身に付けましょう。

（須崎）

コラム ナナコさんの目標達成術

《体験談を通してヒントを得る　その2》

第3章に続いて、私がコンサルタントとしてビジネスの支援をした方に、目標達成の秘訣《ひけつ》を語っていただきます。

誰もが最初は「変わろう」という気持ちから始まります。ナナコさんも現状を変えたいという思いから新しい扉を開け、目標設定と達成をコツコツ重ね、実績を伸ばし続けることができています。

変わることを決意し、新しい環境に身を置き、習慣化していけば、目標達成への道を迷うことなく進んでいける。これは本書を通して幾度もお伝えしていることです。

変わろうと決意することの大切さや、習慣化による目標の達成プロセスについて、ナナコさんの体験談を通して再度確認しておきましょう。

伊藤ナナコ　20代　女性
起業コンサルタント

◆好きなことがつらくなる

私は好きなことを仕事にしたいという思いが強く、フリーランスでヨガのインストラクターをしていました。しかしこれ一本で食べていくのは厳しい世界でして、生計を立てるためスポーツクラブでも働くダブルワーク生活を送っていました。

朝から夕方までスポーツクラブ、さらにスタジオへ行って夜までヨガのレッスン。これを週6日続ける日々でした。

ハードではありましたが、好きなことだからやっていけるだろうという余裕が当初はあったのですが……。

体は日に日に弱っていき、レッスン中にせき込んでしまうことも増えていきました。思うようなパフォーマンスが仕事で出せず、精神的にも追い込まれていくのが分かりました。

このままでは心身とも疲弊していくばかり。給料が低くて貯金もないから、もし一度でも病気になってしまえば、生活できなくなってしまう。そんな切羽詰まった状態です。

好きなはずの仕事でしたが、この生活を続けていくことがとてもつらくなってしまい、現状をどうにかしたくて仕方がなくなっていきました。

そこで「今のゆとりのない生活を脱したい」という思いから、未来を変えていくための行動に出たのです。

◆新しい稼ぎ方

ヨガのインストラクターは続けるとして、もう1つの仕事は、在宅で体を動かさずにできるものがいい。そう思った私は、インターネットで在宅ワークを探し始めました。

その中で出会ったのが、個人でも始められるインターネットを使ったビジネスの動画でした。「これならパソコン初心者の自分にもできるのでは」と思った私は、さっそくコンタクトを取り、須崎さんと直接会うことが叶いました。

期待と不安を混在させながら、私は新しい扉を開けました。どんな話をされるかドキドキしていました。

「いきなり大金を請求されたらどうしよう」

「へんな商品を買わされないだろうか」

そんな不安とは裏腹に、須崎さんと話したのはほとんど世間話です。ただそのおしゃべりがとても楽しくて、何となく「この人なら信用できるな」と感じたのを今でも覚えています。

物販ビジネスに挑戦することを決意した私は、トリプルワークをスタートさせることに。ジム、ヨガ、物販のヘビーローテーションを繰り返す日々でした。時間管理を徹底し、軌道に乗るまでは他の一切をシャットアウト。友達との連絡も絶っていたので、死亡説が流れるほどに。

その甲斐もあり、少しずつ成果を出せるようになりました。収入のめどが立ったところでスポーツクラブの仕事を辞め、ヨガと物販ビジネスの両軸に移しました。すると、さらに仕事へ打ち込めるようになったことで売り上げが増加したのです。このタイミングでヨガから離れ、物販一本で行くことを決めました。

将来自分の好きなことだけをやって自由気ままに生活するために、今はこのビジネスだけに絞って取り組んでいこうと決断したのです。

この決断があったからこそ、今の私があります。

◆楽しい習慣改善

事業をさらに多角化し、より角度を付けて売り上げを伸ばそうとしたのですが、ここで思わぬ壁に遭遇してしまいました。

すでにヨガとジムで働いていた頃の倍以上の収入を得て、生活していくのには何ら困ることはなくなりました。

元来あまりお金に執着する人間ではなかったこともあり、飽和状態に陥り、成長する意欲を失ってしまったのです。

たとえば、早朝から仲間たちとのミーティングがあったのですが、その後眠たくてつい二度寝、実務に取り掛かるのが昼過ぎと、かなりだらけるようになっていました。

このまま成長が見込めなかったら、今は困ることがなくても、また少しずつ元の自分へ戻ってしまうのではないか。そんな危機感を抱きました。

月の売り上げ目標を逆算思考で分割し、毎日やるべきことをタスク化する。それをこなしていけば、必然と目標の数字は達成できるのですが、どうしてもモチベーションは上がりません。

売り上げや利益といった数字とは別に、もっと熱意を持って取り組める目標や環境を作るべき。でも一体どうすればいいのだろう。

悩んでいたとき、須崎さんがコーチング事業を営んでいて、新しいことにチャレンジしている人へ実務と精神の両面からサポートをされていることを知りました。

さっそく私もその勉強会に参加させていただきました。ここで学んだのが習慣化の極意です。

なかなか悪い習慣をやめられないのであれば、「その習慣をやめないといけない状況」を作ればいい。この学びが私をさらに飛躍させてくれたのです。

実践したことはとても簡単です。ミーティングの後にビジネス仲間の誰かの家に集まって、読書会をするという習慣をスタートさせました。

自分の家に集まる日は部屋の片付けをして迎える準備を整えないといけませんし、誰かの家に行くのなら出掛ける準備をしないといけません。そして集まったらみんなで読書をし、インプットしたことをその場で発表しアウトプットするのです。

これなら絶対に二度寝することはないですし、読書の最中に眠たくなることもありません。そして何より、この読書会という習慣がとても楽しくなり、朝に眠たくなることなどあり得なくなったのです。

楽しく習慣改善できたことが、私にとって大きな発見と財産になりました。

◆周りの目標を自分の目標にする

目標の立て方も変えていきました。これまでは自分の目標を数字にしていましたが、今は「仕事のパートナーたちに目標を達成してもらう」ことを私の目標としています。

自分のための目標だと、つい甘えて動けなくなりがちです。でも、人のための目標なら、気持ちを引き締めて動いていけることに気付けました。この発見も大きかったです。1人よりも2人、2人よりも大勢で目標に向かって走るほうが、より成功確率が上がると思います。

須崎さんたちに出会えなければ、私はいつまでも1人で、自分に甘くて目標達成のできないまま、成長のない人生を送っていたことでしょう。本当に自分を変えること

◇◇◇◇◇◇◇◇◇◇◇◇◇◇◇◇◇◇◇

ができて良かったと実感します。

もう1つ、須崎さんたちのコーチングを通して私が得た教訓は、小さい目標をコツコツと達成していくことです。小粒の成功体験が積み重なっていくと、大きな自信として積み上がります。

小さいことにも達成感を味わう。自分に自信がない人にはとくにお勧めです。

第5章 目標達成が楽しくなる思考術

CONTENTS

1 本当に楽しくないことは今すぐやめよう

◆達成の先が見えていますか？

いよいよ本書もラストの章となりました。ここからはまた清水に戻り、本書の総まとめへと参ります。

ここまでの章をお読みになっているのなら、正しい目標の見つけ方と立て方、そして「達成したくて仕方がない！」と思えてしまう魔法のような方法が、自ずとあなたにも見えてきたはずです。

後はもうやっていただくだけですから、目標達成に向けて走り出したい方は今すぐ本を閉じ、行動していってください。

そのほうがきっとあなたの将来にとって有効です。目標を達成するにあたって何かしらの壁にぶち当たってしまったとき、またここから読み返してください。

さて本章では、本書を通して度々登場してきた重要なワード、「楽しい」「ワクワク」「ドキドキ」について、その真相を探っていきます。

目標を達成するためには、楽しさやワクワクといった感情が不可欠です。これまで何度も触れてきた通り、それらの感情こそが、人を前に進ませるための大きな原動力なのですから。

そこでここでは「楽しい」といった感情について考えていくのですが、まずは逆の方面から攻めていきましょう。

今、改めて、あなたの生活の中に「楽しくないこと・つらいこと」があるか、考えてみてください。

そして、ズバリ申し上げますが、それら**「楽しくないこと・つらいこと」は、今すぐやめてしまったほうがいいです。そのほうが将来のあなたのためになります。**

「今の仕事は楽しくないけど、辞めちゃったら生活ができない。だから仕事は続けないといけない」

そう反論する方がよくいます。

しかしこれは、本書をここまできちんと読み、手を動かしてこなかった人が思うことで、しっかり吸収し実践してきたのであれば、そんな考えは生まれてこないはずです。

なぜなら、本書の目標達成方法に取り組んでいれば、これまで楽しくなくてつらいと思っていたことも、楽しく感じられるはずだからです。

 やや飛躍した表現だったので、詳しく理由を説明しましょう。

あなたはここまでの章で、少なくとも1つの新しい目標を打ち立てることができたはずです。そして目標を達成したときに、あなたや周りの人たちが得られるであろう価値をイメージし、目標達成へのモチベーションアップ術も学んできたはずです。

加えて、目標を達成するためには、現在の生活で実践していることがどれも欠かせないものだと自覚できたはずです。

勉強や仕事、習慣としていることや大事にしていること、家事や人間関係のあれこれも含めて、達成するべき目標のかけらだと気付けたのではないでしょうか。

言い換えれば、**今ある自分の周りのすべてのものが、ワクワク・ドキドキの1つとなっているべき**なのです。

たとえ仕事自体がつらいものであっても、そこから得られる収入を使ってできることが目標の1つの柱となっているのなら、自ずと仕事を続ける意欲が湧いてくることでしょう。

しかし、もしこれまでのアイデアを吸収していても、楽しくないことやつらいことが自分の周りにあるのならば、それらは切り捨ててもいいものです。

報酬が労力に見合っていないブラックな仕事に就いていたり、生産性のない付き合いをしていたり、他の人に任せれば楽に済ませられるものを引き受けてしまっていたり、本来なら切り捨てて構わないものを続けてしまっていることになります。

それらはあなたが打ち立てた真の目標達成においては、邪魔もの以外の何ものでもありません。今すぐ別の方法を探して、なるべく早くやめてしまいましょう。

やめたことによって生まれる新たなスペースを、あなたに合った、目標達成の一材料として、心から楽しめることに生かしてください。

◆飽きる努力はしない

本当の意味で楽しくないことはやめてしまったほうがいい。この理屈はあらゆることに共通している真理です。

「将来のためだから」と努力して続けていることがあって、それが楽しいと感じられず、すぐ飽きて気が散ってしまうのであれば、今後続けていくことはお勧めしません。

飽きることを続けようとするのは大きな苦痛を伴います。途中で挫折し、これまでの蓄積が無駄になってしまっては元も子もありません。

私はビジネスを立ち上げて取り組んでいる方のメンタルケアをよくさせていただきます。

そこで感じるのは、「儲《もう》かるから」という理由で努力してみても、長続きしないということです。

結果が出て儲かったとしても、「儲ける」という目標を達成した途端、その仕事がつまらなく感じてしまい、やる気を失ってしまいがちなのです。燃え尽き症候群といえます。

私は儲けるという目標自体は悪いとは決して思いません。私自身、「今年はいくら稼ごう」ともくろみながら日々仕事に励んでいます。数字で目標を作ったほうが、より筋道が立てやすいですから。

しかし、**儲けた後のさらなる目標がなければ、継続して努力することはできません。**

稼いだお金で何をしたいのかを、明確にしておかないと、楽しさやワクワクはすぐにどこかへ飛んでいってしまうのです。

飽きる努力はしないでください。

しかし、**楽しくないことを楽しいと思える工夫はしてほしいです**。それが最終目標の達成に必要なのであれば。

楽しめる努力ならあっという間に時間が経過します。苦痛など1つもありません。そうやって続けていければ、結果も勝手についてきます。

◆現代ならではの「コツコツ楽しく」

現代は、楽しいことワクワクすることだけをやって生きていくことが、許されている世の中だと私は思います。

「自分は好きな絵だけをやって生きていきたい。でも絵は稼げないから、仕方なく楽しくない仕事をしている」

そういった状況であれば、まずは副業から絵をスタートすればいいのです。時間を確保して楽しく絵を描いて、できたものをたとえばインターネットのオークションやフリーマーケットで販売してみましょう。

そこから少しずつ、コツコツと楽しみながら実績を積んで、小さな成功体験の繰り返しによって自信を付け、「ここだ」というタイミングで独立すれば、取り返しのつかない失敗を喫することはないでしょう。

インターネット全盛期、住む場所や環境にとらわれず、個人でも多方面へのアプローチが可能となっている時代ですから、どんなことでもコツコツ楽しくステップアップが許されています。

スキルアップしたければ、電車の移動時間でも可能です。第1章でも述べましたが、本を読む時間やスペースがなくても、耳さえ空いていればオーディオブックという手があります。

現代だからこそできる方法を駆使して、楽しく目標達成をしていきましょう。

このように本章では、「楽しい」「ワクワク」「ドキドキ」にフォーカスし、いくつかの切り口によって、よりあなたを加速させる目標達成持続術を紹介します。

2 大人になると勉強が楽しいワケ

◆「楽しい」が「苦しい」に変わるとき

大人になってから「若いときにもっと勉強しておけばよかった」と後悔することがあります。

大人たちに何度も「後で絶対後悔するから、今のうちにたくさん勉強しておきなさい」

とアドバイスされても、遊びたい盛りの子どもにとってはたまったものではなく、勉強そっちのけで自分のやりたいことに熱中したものです。

「楽しくもない、将来役立つかも分からない勉強をなぜしなければならないのか」

という反論の気持ちでいっぱいだったことでしょう。

私もかつて大の勉強嫌いでした。勉強の「べ」の字を耳にしただけでゾッと鳥肌が立つくらい、勉強とは対極の場所で学生時代を過ごしていたのです。

中学時代にサッカーばかりしていた私は、勉強しなくても簡単に入れる、サッカー部のある高校に入りました。

しかしその高校は不良ばかりのとんでもない学校で、サッカーに熱中するどころではない高校生活が待っていました。結局サッカー部には入らず、遊んでばかりの日々を送ることになりました。

大学への進学は考えていませんでした。そもそも学校のレベル的にほとんどの生徒が大学に行けるわけはありませんでした。多くの卒業生は、進学するとしても専門学校で、他はみんな就職で、就職先は地元周辺の工場がほとんどでした。

しかし私は、進学は頭になかったものの、どうしても工場への就職はしたくありませんでした。

当時流行していたドラマ「ビューティフルライフ」の主人公を演じた木村拓哉さんに憧れて、「美容師になりたい」という夢を描いていました。私は時代の流行にとても影響を受けやすい人間だったのです。

このまま地元でダラダラと過ごしていたら、望まない人生が待っている。夢を諦められない私は、工場への就職から逃れるように東京へと進出し、知り合いの紹介で営業の仕事に就きました。

ここで私は仕事のイロハを学び、大変な毎日ではありましたが、**営業職の楽しさを知ることができました。**

それからしばらくして、影響を受けやすい私は映画「ウェディング・プランナー」を観てブライダル業界へ足を踏み入れることを決意しました。

営業職から一転、今度は現場でのキャプテン業務。式が滞りなく進み、関係者の皆さんにとって最高の思い出となる1日を演出することに励む仕事です。ここでは**人や時間のマネジメント能力をとことん磨きました。**

ブライダル業界にしばらく身を置いた後、私は再び営業の仕事へ戻りました。

人材紹介の会社で、仕事を探している人と話して、その方にとって理想の職場を見つけ、その後の人生を変えるのが業務です。

年齢も性格も考え方もまったく違う、さまざまな人たちと面接を繰り返す日々でした。自分がどうなりたいのかを引き出して、最適な仕事を一緒に探す。理想的な職場に就ければ、その方から感謝の言葉をいただける。何度も何度も経験していくうち、私はこの仕事の楽しさや充実感を知り、**「自分は人と話すことが好きなんだ」ということに気付けました。**

好きなことだったのでどんどんのめり込み、自ずと結果も出ていました。部下を持つようになり、収入も順調に上がっていったのです。

しかしその一方で、どこか拭えない違和感を覚えていました。**忙しくなるばかりで、この先どうなっていくのだろうという漠然とした不安**です。

「これで自分は本当に幸せなのだろうか」

次第にそう感じるようになったのです。人と話をすることが好きだから、この仕事は自分に適しているのですが、仕事に奪われる時間が増えるうちに、もっともっと自分に合った仕事があるのではないかと思うようになっていました。

5

この仕事に対する意欲や楽しさが、みるみる減っていきました。楽しいと思っていた仕事を、苦しいと感じるようになっていたのです。

◆「苦しい」が「楽しい」に変わるとき

そんな悶々《もんもん》とした日々を送っていたあるとき、私は決意したのです。「独立しよう」と。**自分の大好きな「人と話す」ことだけに没頭できる事業を、自身が経営者となって運営しよう**と思い立ちました。

思い立ったのはいいとして、何をしたらいいのか。というより、そもそも私には教養がありませんでした。

ここで高校時代の不勉強を呪うわけですが、後悔していても仕方がありません。**「深く考えるよりまず行動」**の私は、30歳を過ぎてから短大に入学しました。経営学を専攻し、マーケティングの極意を学ぶことを決めたのです。

さらに学業と並行して資格の取得にも励みました。お金の知識を積み上げるためにファイナンシャルプランナー、さらにカウンセラーや行動心理学についても勉強し、資格を取得ました。

仕事をしながら、週末は短大へ通い、数分でも隙間時間があればテキストを開いて勉強に集中しました。

人と話す仕事をするために必要な目標だったので、楽しく学ぶことができました。そうです。学生時代はあれほど大嫌いだった勉強が、非常に楽しく感じられたのです。驚くべきことでした。

好きなことを仕事にして生きていくと決めた途端、目標達成に必要な勉強がとても楽しくなる。これを私は身をもって経験したのです。

◆「楽しい」は、人生に不可欠かどうかで決まる

続けていった先にあるものが自分の理想と食い違っていると、これまで楽しいと感じていたものも次第に苦しいものに変わっていきます。

かつての私がそうであったように、どんなに安定していて将来の約束された仕事であっても、苦しさしか感じられないのであれば、一度人生設計の見直しを図ってみてください。

須崎さんが紹介しているライフラインチャートやマインドマップを参考に、本当に自分がやりたいことや好きなことは何なのか、改めて考えてみる時間を設けるようにしましょ

5

う。

また、これとは逆に、楽しくないと思っていたものが、自分の目標達成のために不可欠と感じた瞬間、楽しいと思えてくることもあります。

私が体験したように、子どもの頃あれほど嫌いだった勉強が、大人になってからやったら楽しかったというのも、こういったカラクリがあるのです。自分が楽しくてワクワクできる目標とは関連性のない勉強であったら、早々に投げてしまっていたはずですから。

「楽しい」と「苦しい」感情の境目は、行動や体験そのものよりも、その行動や体験を経た先に待ち受けているであろう自分の未来の姿に委ねられています。

あなたが今行動し体験しているものすべてが、本当に人生に不可欠かどうか。「楽しい」という感情が判断基準となってくれます。

3 無駄をなくして無理をしない

◆過熱に注意

目標達成にあたって、無駄なことはできるだけ排除すべきであることは、これまでにもいくつかの切り口から伝えてきました。

私が述べてきた思考法に加えて、須崎さんの紹介している実践法を行っていれば、無駄なく目標達成への最短距離を進んでいけます。

ただ、ここで基本に立ち返って気を付けたいのが、目標達成が楽しくてつい熱中し過ぎてしまう点です。

もしくは、嫌なことであっても「目標達成のためだから」と無理をし過ぎて、心身に大きな負担を掛けてしまう人もいます。

当然のことですが、**無理をし過ぎてはいけません**。無理がたたって倒れてしまったら元も子もありませんから。

疲れを翌日に残すことも歓迎できません。人は朝起きてからの数時間が、最も頭がクリ

5

アで作業がはかどります。この時間に「疲れが残ってるなあ」とボーッと過ごしてしまったら、これこそ無駄の極みです。

いくら楽しいことであっても、無理は禁物、加熱し過ぎな気持ちにブレーキを掛けることも時には必要です。

無駄や無理をなくすため、第4章の最後で紹介した行動計画表は、詳細かつ正確に作成しておきましょう。

仕事であれば上司や取引相手、プライベートなら家族や知り合いから、無理なお願いをされることもあるかもしれません。相手の立場からすると、あなたならできると思って頼んでいるのかもしれませんが、あなたが無理だと感じたらきっぱりと断るか、期限を延ばしてもらうか、他の誰かにも協力してもらうことを考えましょう。

辞退や延期をするときは、きちんと理由を添えるのを忘れないでください。これまであなたと相手との間に信頼関係が築けていれば、「君が言うなら仕方ない」と問題なく許されるはずです。第2章で紹介した「温かい人になる」ことを日々意識していれば、より信頼関係は高まっています。

◆「無駄」と「無理」が「ムラ」を生む

半日集中してやればできることを1週間かけてダラダラとやってしまったり、10時間はかかる作業を3時間でやれと命令されたり。

こういった無駄や無理は絶対にしないようにしましょう。

無駄や無理が続くと、ムラが出来上がってしまいます。ムラは目標達成の大きな妨げです。

目標に向けて一直線に進むのではなく、フラフラ蛇行運転で向かっているようなものです。思いがけない壁にぶつかって目標達成が困難になることもありますし、できたとしても想定していた以上に時間がかかってしまったりと、安定感を失ってしまいます。

ムラのないよう、常に「0」の状態で真ん中を歩んでいけるようなバランス感覚が肝要です。この意識を忘れないでおいてください。

しかし、いくら意識していても、無駄や無理は少なからず生じてしまいます。その道のプロであっても、ムラが発生してしまうものなのです。

その時に一流の人たちは、いち早くムラの生じている自分に気付き、修正しバランスを取り直そうと試みます。**「無駄なところや無理なところはないか」と自問自答**し、自己の習慣を振り返り、トライ&エラーでより目標達成へのプロセスを磨いているのです。**無駄や無理がないか、定期的に振り返る癖をつけましょう。**習慣化することで、ムラなく常に一定のリズムで目標へと進むことができます。

4 楽しみながら「結果を出す」までの5段階

◆結果は継続して出す

いよいよ総括的な局面へと入ります。

本書は目標を達成し結果を出せるようになるための方法を、思考と実践の両面から展開してきました。これまで登場してきたすべての点を線で結んでいきましょう。

まず、「結果」を出すには、5つの段階を経ています。

それは**「無意識」「意識」「思考」「実践」「習慣」**です。本書で何度も登場してきたワードばかりだと思います。

まず結果について1つ提案をしておくと、大小に関係なく、とにかく結果を継続して出し続けることが大切です。それはつまり、こまめにたくさんの目標を立てて、達成感を繰り返し味わってほしいということです。

こうすることで、1つ結果を出すごとに**「無意識」「意識」「思考」「実践」「習慣」**の5段階を経験することになります。継続して結果を出すことで、よりこの5段階を体と脳になじませることができ、常に目標達成と結果を求める思考を持つことができるのです。

さらに目標達成の事実が、成功体験としてあなたの自信のかけらとなってくれます。結果を継続して出すことはいいこと尽くしというわけです。

◆無意識と意識

人は結果が出ると自信がつくとともに喜びや楽しさを感じ、また同じ快楽を求めて、無意識に次の結果を求めるようになります。これが、繰り返し結果を出すまでの第一段階にあたる**「無意識」**の部分です。

私が会社員だった頃の話です。結果が出せていて楽しくて仕方がなかった頃、間違えて休みの日に出社したことが2回ほどありました。次の結果を求めるあまり、その日が何曜日なのかも考えず、毎朝歯を磨くのと同じくらい無意識に出社していました。

このくらい自然に楽しく結果を求めるようになると強いです。何も考えなくても実績と実力が蓄積されていくのですから。

動き出すきっかけは無意識から始まるとして、**「意識」**においてもやっておきたいことがあります。結果を出すための第２段階です。

意識でやっておくことは、ここまでの内容を読んできた方なら予想できるかもしれませんが、イメージすることです。

第４章で、目標を達成したときのイメージを４つの視点で膨らませる方法が書かれています。これは、目標達成や結果を出す上では本当に本当に欠かせない、大事なことです。

目標をセッティングするときだけでなく、目標に向けて頑張っているときはもちろん、少し心がくじけてしまいそうになったときにも、意識的にイメージしてみてください。

このとき、五感を駆使することでよりイメージに具体性が増し、目標達成へのワクワク感も増大します。

視覚、聴覚、嗅覚、触覚、味覚、これら感覚を用いて、目標達成後の自分を想像してみてください。加えて、それらの感覚を得たときの自分のリアクションや感情も心の中に描いてみるといいでしょう。

◆「住んだら絶対成功する」マンション

私の場合を例に取ります。

私の大きな目標の1つは、都内のとある高層タワーマンションに住むことでした。芸能人や有名経営者が住んでいて、厳しい審査を通らないと住むことが叶《かな》わず、駆け出しの私では手が届きそうもないところでした。

しかし、どうしても、今すぐ、私はそこに住みたかったのです。

「ここに住むことができれば、きっとすべてがうまくいく。私の仕事は絶対に成功する！」

部屋を内見したとき本気でそう確信しました。そして室内の間取りやバルコニーからの景色などを記憶に焼き付けたのです。

それからは毎日、マンションに住むのが叶った後の自分を想像しました。バルコニーで朝焼けを臨む自分。ソファにゆったりくつろいでディナーとワインを楽しんでいる自分。五感をフル活用させてイメージを爆発させたのです。

審査を通る確率が1％でも上がるために自分にできることがないか懸命に模索し、仲介してくださった方とあらゆる対策を講じ続けました。

結果、奔走の甲斐あって審査に通過し、私は**イメージを現実化**させることに成功したのです。報告の電話を受けたときは、場所も考えず思わずガッツポーズしました。

意識は次への行動の原動力になります。しかも自分の中から無限に湧き出させることができるのですから、いわば永久機関。**「達成したくて仕方がない」**という気分になれれば、私たちは目標に向けてがむしゃらに走り続けることができ、当然のようにゴールのテープを切ることができるのです。

私の場合は住まいでしたが、大きな夢や目標は人によってまったく異なり、意識を膨らませる過程もいろいろです。

欲しい車があるならぜひ試乗してみて、その車に乗ってドライブしている自分をイメージしましょう。

旅行したいところがあるならガイドブックや観光サイトを読み込んで、紹介文や写真を参考に、絶景や絶品を堪能している自分のイメージを膨らませましょう。

資格や試験に向けて勉強中なら、すでにテストをパスした先輩の話を聞いて、試験に合格した後の自分を想像してみましょう。

ワクワクのスイッチが入り、心の奥底から自然と熱意が込み上げてくるはずです。

コツは、とにかく五感の力を借りることです。

どんなものが見えているか、どんな声や音が耳に届いているか、どんな香りがするか、どんな感触か、どんな味か。

自身の心に問い掛けながら、イメージを爆発させてください。

◆5段階すべて網羅

無意識と意識について話したので、残るは思考と実践と習慣です。

これら3つは、本書の中でエッセンスをたくさん盛り込みました。**思考**は主に私が担当し、**実践**は須崎さんの章で紹介しています。

これら思考や実践を当たり前のように行えた段階が**習慣化**ということです。あなたの人生の価値観の1つ、大切なものとして定着した状態になります。

須崎さんが伝授している目標達成術を活用し、実践形式で習慣化させていきましょう。

無意識に新しい結果を求めて次の目標を立て、**意識**でイメージを膨らまし、**思考**と**実践**

でよりモチベーションを上げながら目標へと進む。そして**習慣化**で当たり前のように結果が得られ、楽しさや喜びをかみ締めることができる。さらに**無意識**で次の結果を求めて……。

この循環の中に身を置くことができれば最強です。ひたすら楽しく、いつまでも結果を出し続けることができるのですから。

5 まずはやってみよう

◆アウトプットが最大のインプット

本書は「変わることが大事」という話からスタートしました。

ここまで読んでくださったのなら、あなたの中で何かしら1つでも変わったことがあるはずです。

考え方が180度近く変わっていたり、習慣が変わっていたり、目標の立て方が変わっていたり、価値観や生き方の方針が変わっていたり。

いきなりすべてを変えていくのではなく、一つ一つにじっくりアプローチして変える意識を持ち、まずは実際に「やってみる」ことが大切です。

インプットしたら即アウトプット。これは私も普段心掛けていることです。

本書では思考寄りで話を展開しましたが、実際の私は超行動派であり、「失敗してもいいから、とりあえずやってみよう」という、走りながら考えるタイプです。そのやり方のほうが私には合っているし、何よりもやってみたほうが楽しいというのが持論なのです。

「なんだか楽しそうだな。やってみようかな」

そう思えたら即行動、**心に灯った火が弱まる前に駆け出しましょう。**

◆プロセスがあなたの糧になる

ある大学で、非常勤講師として行動心理の講義を受け持っていたときのことです。

1人の生徒さんにこのような質問を受けたことがあります。

「私は税理士を目指しているのですが、税理士は将来AIに奪われる職業の1つらしいのです。つまり、いずれ税理士の仕事自体がなくなってしまうかもしれません。本当にそうなったら、たとえ税理士になれたとしても、食べていけなくなってしまいます。私は税理士の夢を諦めるべきでしょうか」

さて、どう答えたら生徒さんの悩みを解決できるでしょうか。

第1章でも触れましたが、今後人工知能が人間の代わりに行っていく仕事がどんどん増えていくことでしょう。

これは税理士に限らず、現存の職業の大部分がその対象となっています。今一生懸命に働いている方の多くも、この生徒さんと同じような悩みを抱えているかもしれません。

私は少し考えた後、生徒さんに次のように返答しました。

「仮にもし将来税理士の仕事がＡＩに奪われたとしても、あなたが頑張って勉強し税理士試験に合格した事実は奪われません。あなたのその頑張り、そして成功体験は、別の目標を達成する上でもきっと生かすことができます。大切にするべきなのはプロセスですから、今後もあなたのやりたいことを目標に掲げ、達成に向けて励んでください」

人間の強みは、成功体験を喜びや自信に変え、それをエネルギーに次への推進力とできることです。

人工知能に今までやってきた作業とはまったく別のことをさせるには、また一から設定を組み直さないといけません。

対する人間には、過去の経験や技術とその応用によって、新しいことでも果敢にチャレンジし乗り越えるだけのバイタリティーがあります。

ですから、その生徒さんも、税理士が自分のなりたい仕事なのだとしたら、なった後の自分をイメージすればするほどワクワクしてくるのであれば、絶対に諦めることなく挑戦してほしいです。

「この目標を達成しても意味がないのでは」

そう感じて尻込みして足を踏み出せない方。意味のないことなんて1つもないのです。あるのは、**「やる」**のか、**「やらない」**のか、の2つだけです。

やった人は、その過程を通してたくさんの気付きや成長を得ています。

目標達成後に得られた結果が、万に一つもないことですが、たとえ「無意味だった」という結論だったとしても、あなたの中に収められた経験は無意味なものではありません。

だから私は、もう一度あなたへ言います。「まずはやってみましょう」と。

あなたが楽しいと感じること、ワクワクできることを、本書の力も使いながら目標達成の道を歩んでください。

（清水）

レッスン3　「楽しいこと」と「楽しくないこと」を書き出す

●清水から最後のレッスン

今の生活の中にある「楽しいこと」と「楽しくないこと」を仕分けましょう。紙の真ん中に縦線を引き、左側に楽しいこと、右側に楽しくないことを書き出していってください。

楽しいことの項目ばかりが埋まることを願っています。本書をここまで読んでくださったのであれば、きっと楽しくないことは1つもないはずです。

もし楽しくないことがあったなら、どのようにしてそれを生活から排除できるかを考えてみましょう。**もしくは、楽しくないことを楽しいことに変えてしまう魔法を掛けてみましょう。**解決策のヒントは、本書内にたくさんちりばめられています。

直接楽しくないことを何とかするよりも、日々の生活への取り組みや考えを方向転換することで、現状を変えていくことも可能です。

たとえば、朝早く起きて日光をたくさん浴びる。これだけで鬱《うつ》の症状が軽減されるといわれるくらいです。日々の生活に不満や不安を抱えているのであれば、早起きと日光浴を心掛けてみましょう。楽しくないことに対する考え方が変わり、新しい解決法を導き出せるかもしれません。

もう1つ推奨したいのが運動です。日々の目標の1つに、運動に関連付いた項目をぜひ取り入れましょう。本書の方法論でいえば、マンダラートに「自己投資」や「健康」のピースを書き入れ、「毎日20分歩く」や「ジムに通う」といった具体的行動を挙げ、デイリー目標に書き入れることになります。

私も常に必ず体を動かすことを心掛けています。忙しいときほど、運動をして頭をリフレッシュさせることを意識します。

頭の中だけで考えていると血液が滞ってしまいます。運動で体全体を活性化させることによって、新しいアイデアがひらめくこともあります。体を動かす目標はぜひ設定してください。

最後にもう1つ。**人との触れ合いも大切にしてください。**私が言いたいのは文字通りの「触れ合い」であり、体温を感じながらの交流を心掛けてほしいのです。

私は誰とでも握手するよう心掛けています。政治家が得意としているこの方法は、自分のことを相手に印象付けるにはとても有効です。

体温を感じる交流を図ることで、お互いの親密度が増します。握手をしておけば嫌われることはまずありません。楽しくない状況に身を置いたときこそ、握手を実践してみてはいかがでしょうか。現場の空気がガラッと変わることでしょう。

私が代表取締役を務める「ネオシェイクハンド」も「握手」を由来としています。握手は非常にお勧めのコミュニケーション術なので、ぜひ頭の片隅に置いておいてください。

おわりに

目標はただ立てるだけではダメです。自分に最適な、見ているだけでワクワクしてきて、イメージがどんどん膨らんでいく、達成したくて仕方がなくなる目標でなければいけません。

その真意を、本書を通して余すところなくお伝えしてきましたが、皆さんの心にも届いたでしょうか。

実際にライフラインチャートやマインドマップやマンダラートといった作業を経て、あなたが達成すべき目標を具体化できたでしょうか。目標達成に向けて、今日やるべきことがきちんと把握できているでしょうか。

私がかつて教員をしていたことは本書の中でも触れました。教員をしていた両親の影響で、幼い頃から教職に興味があったことも、教員になった理由の1つでした。

しかし教員を目指した最大のきっかけは、学生時代の同級生でした。勉強が苦手だった同級生に勉強の仕方を教えたところ、成績が見事に上がりました。その時に同級生が見せた笑顔、そして「須崎くんのおかげで勉強好きになったわ」という私への感謝の言葉が、「教えることが好き」という私の価値観を形成し、「人に教える仕事がしたい」という私の人生を決定付けてくれたのです。

念願の教員になれ、忙しくも充実した日々を送っていました。1カ月丸々休みがない日もありましたが、好きなことに熱中できていたので、つらいと感じることはありませんでした。

すべては生徒たちの将来のためと思い、みんながそれぞれの夢を叶《かな》えてもらうことが、私の目標でした。卒業のときに笑顔で感謝される光景を目標達成イメージとして、私は一心不乱に仕事へ励むことができました。

しかし、仕事が充実していくにつれて、教えることだけでなく事務的な作業も増えていきました。

そしてふと自分の将来を考えたとき、不安になったのです。

教員は、偉くなればなるほど現場から離れていく。それはつまり生徒と接する時間が減ることを意味しています。彼らが笑顔になる瞬間を見る機会が、収入が上がるのと反比例して少なくなっていくのかもしれない。

上司たちを眺めていて、自分も出世したらあのような立場になるのかと思った途端に、自分の中に灯されていた情熱が冷めていくのが分かりました。

とにかく教えることだけにフォーカスして、たくさんの人たちのキーマンになりたい。その思いから、私は教員を辞め、コーチングやコンサルタントといった教えることを主体にした事業に現在携わっています。

教員時代の私のように、あなたが今ある生活環境に違和感を持つようになったら、いつでも本書に戻ってきてください。清水さんの思考法や、私が紹介している実践法を参考にし、あなたに必要な真の目標をもう一度洗い直してみましょう。

それでも目標が見つからなかったり、目標に対して情熱を注げなかったりするのであれば、信頼できる周りの人に相談してみましょう。本書で登場したサポート要請が、下り坂の人生を逆転させてくれます。

とくにマインドマップやマンダラートといった頭の中を掘り返し整理する作業は、独りでやるよりも誰かとやるほうが、自分では気付けなかった新しい自分の良さや価値観を見つけることができます。

周りに相談できる最適な相手がいないのであれば、私たちでも構いません。今はインターネットを使えば簡単に距離を縮められる時代です。私たちとも簡単に連絡を取ることができます。

本書を通して私たちに興味を持ってくださり、「サポート要請してみよう」という気持ちが芽生えたのであれば、あなたの描いたマインドマップやマンダラートをぜひ見せてください。

「本の通りにマインドマップやマンダラートをやってみたけど、自分のやりたいことが見つからなかった」
「もっと人生を前向きになって生きたい。そのための目標を知りたい」
「今の仕事は自分に合っていないから辞めたい。でもどんな仕事をすればいいのか分からない」
「独立して自由を手にしたいが、まず何から始めればいいのやら」

真面目に本書の内容を取り組んでくださったあなたに、きっと明確な答えをお渡しできるはずです。

本書を通してあなたはさまざまな技術と思考と経験を身に付けました。後は知識を得るだけです。私たちの持っている限りの知識を提供し、あなたの新しい未来を一緒に探すお手伝いをさせてください。

共に刺激を与え合い、成長し、目標達成のスペシャリストとなりましょう。

まだまだお伝えしたいことは山ほどありますが、ページも終わりが近づいてきました。

またどこかでお会いできる日を楽しみにしています。

ここまでお読みくださり、ありがとうございました！

須崎　雄介

Special Thanks

いい加減な学生時代に「あんたはやればできる子」と、私を決して否定せずに育ててくれた母。そして、いつも支えてくれる家族や親族。本当にありがとう。

学生の頃、私の冗談をいつも笑顔で受け止めてくれた友人達。今でも友達でいてくれてありがとう。

社会に出て、我の強い私を育ててくれた当時の上司、同僚、部下の皆さま。今の私が形成されたのも、皆さまのおかげです。ありがとうございます。

現在、素敵なご縁をいただき、切磋琢磨している経営者仲間の皆さま。感謝申し上げます。

最後に、今回の出版に携わっていただいた編集協力の小西さま、合同フォレストの山中さま、山崎さまに心より感謝いたします。

清水　久

本書には教員時代の経験を多く盛り込んでいます。勤めていた学校で『７つの習慣』（スティーブン・R・コヴィー 著、キングベアー出版、1996年）をもとにした、生徒の目標達成のための授業に携われたからこそ今の私があり、あの時の授業の記憶を頼りに、私のスパイスを加えて本書が完成しました。

貴重な経験をさせていただけた当時の学校に感謝します。

そして、私のクラスになってくれた生徒に対して行った、何百枚ものマインドマップがあったからこそ、今たくさんの方々の人生を変えるアドバイスができています。私のクラスになってくれた生徒達にも感謝します。

また、出版にあたって、出版社の方々をはじめ、編集協力、企画協力、デザイナーの皆さま、そしてビジネス仲間・パートナー、恩師、お世話になったすべての方々、両親、友人、読者の方々。

この場を借りて感謝を申し上げます。

本書が皆さまのお役に立つことを心より願って…。

須崎　雄介

● 著者プロフィール

清水　久（しみず・ひさし）＊第1章、2章、5章を担当。

株式会社 NEO SHAKE HANDS 代表取締役社長

1982 年生まれ。山梨県出身。自由が丘産能短期大学経営管理コース卒業。
ジュエリー業界やブライダル業界、人材業界などを経て独自の営業手法や対人関係向上の技術を徹底的に磨く。
2016 年に独立し、2 年半で 3200 人以上に起業や経営などの多様なコンサルティングを行う。
2017 年にセミナー講師へ転身し、個人、企業を問わず主に経営コンサルティングやセミナー、講演活動を精力的に行うほか、出版事業や教育事業なども行う。

須崎　雄介（すざき・ゆうすけ）＊第3章、4章を担当。

株式会社 KEY OF LIFE 代表取締役

1986 年生まれ。京都府出身。青山学院大学文学部心理学科（現 教育人間科学部）卒業。
学校法人で専門学校教員として 7 年間勤務するも、サラリーマンとして安定と保証を求めるのではなく、自由を得て、自分の名前でビジネスをやりたい、社会に自分の力で挑戦したい、多くの人の役に立てるような存在になりたいという思いを強くし、退職を決意。
2016 年に起業・副業のコンサルタントとして独立。成功者から学んだビジネスノウハウ、マインドセット、成功のための習慣を伝えている。多くの人に経済的にも精神的にも自由になってもらうための「ビジネスの先生」として活動中。
起業 3 カ月で月収 150 万円、半年で法人化を達成。1 期目の年商は 2700 万円。その後、保険代理店の経営、不動産事業なども手がける。3 期目を迎えて現在の総売上は約 2 億円。

企画協力　コンセプトメイキング
編集協力　小西　秀昭
組　　版　GALLAP
装　　幀　華本　達哉（aozora.rv）

挑戦と成長を諦めたくない人の目標達成術

2019 年 7 月 12 日　第 1 刷発行

著　者　清水　久、須崎　雄介
発行者　山中　洋二
発　行　合同フォレスト株式会社
郵便番号 101-0051
東京都千代田区神田神保町 1-44
電話 03（3291）5200　FAX 03（3294）3509
振替 00170-4-324578
ホームページ http://www.godo-shuppan.co.jp/forest
発　売　合同出版株式会社
郵便番号 101-0051
東京都千代田区神田神保町 1-44
電話 03（3294）3506　FAX 03（3294）3509
印刷・製本　新灯印刷株式会社

ISBN 978-4-7726-6137-9　NDC 336　188×130